太極導引 進階

熊衛◎著

熊衛先生與太極導引

◎李豐楙

　　熊衛先生為「太極導引」創始人。他創發這一套中國式養生運動法的動機，來自於學習與傳授太極拳的一段因緣。早年在湖南瀏陽鄉下長大，當時成長的環境不佳，故體弱多病，13歲時一度傳染了傷寒，臥病年半。痊癒後又遭逢戰亂，輾轉來台，從軍入伍，卻因罹患了甲狀腺瘤，經開刀後，醫生表示並不樂觀。在這種困難的情況下，他才有機會跟隨太極拳名師李壽籛先生學習楊家太極，逐漸改善了體質；並進而隨從周增霖先生學習郝派太極，認真揣摩，而逐漸體會了太極拳的精義。

　　這時他不僅大幅健壯了身體，也開始出入於當時台北的太極拳圈子，體會一些名家拳法的奧妙，如鄭曼青先生就是他接觸過的名家之一，鄭先生就以自身的經驗看好當時36歲年輕的熊衛將來必有大成就。

在台北新公園的一段時間，熊先生由學拳而教拳，在教學相長中體會漸深，期望能夠有更深的突破。等到工作調往高雄之後，又有機會隨從王晉讓先生學習趙堡架陳家太極，理解拳法中纏絲運用的巧妙。高雄時期是一段沉潛苦練的時間，除了教拳之外，台灣南部安靜的環境，使他能夠細心體會諸家拳法的不同技巧，從其背後確實可體悟到中國身體文化中所蘊含之「道」，一種中國宇宙觀的本體與生成原理。太極名家將其實踐於身體的操作中，由於體會各異，也就創發出不同的運動功法，就分別表現為陳家、楊家、郝家、吳家等不同的門派。雖則巧妙不同，但是在運氣的原理上卻又有相通之處：就是如何實踐陰陽、虛實的原理，期使身心在鬆柔之中保持均衡、和諧的充實狀態。

體會至此，熊先生乃決心提早自工作崗位上退休，再次回到台北一展所長。由於他的拳藝已漸臻成熟，教拳的方法及心得也倍受肯定，這時一些昔日一同學拳的拳友，在親身體會了他的「功夫」之後，曾經說過一句話：「今之熊衛非昔之熊衛。」初返台北，先在台北縣板橋市居住，開始恢復熱愛的教拳活動；等他定居於新

III

店後，除了在借用的弘光幼稚園教拳外，又被政治大學「道家學社」聘請前往傳授，以研究太極拳法配合道家哲學為主，探究中國人的宇宙論如何實踐於身體文化。在一種熱烈學習的氣氛中，大家有感於熊先生教的功法豐富廣博，並非繁忙的現代人可以快速掌握，乃應同人之請開始構思一套簡要易學而有效的運動法。

　　在這段醞釀期間，熊先生經常閉門苦思，反覆研究繁多的太極身法、手法，然後將其初步構想寫成初稿，就在指南山下的政大道場中反覆演練。在這段實驗的過程中，根據「導氣」與「引體」的兩大原則，從中國道家哲學的陰柔原理出發。熊先生認為現代人的生活及其活動方式，就是深受西方的現代化影響，過度繁忙而且壓力大，缺少了適度調節生活的機制，使人的身心常處於緊張、僵硬的陽剛外發狀態。因此如何使之放鬆：鬆到裡、鬆到底、鬆到透，就是這套運動法的基本精神。基於太極拳所據的太極原理，乃是一種陰陽互補的運作法則；熊先生又喜歡道家哲學的圓道循環原理，就在師生的反覆演習中，決定將這套導氣、引體的功法稱為「太極導引」。

　　為了推廣「太極導引」，原先曾以「衛道分會」的名義參加「中華民國太極拳協會」；此後決定積極推動太極導引運動，故正式申請設立了「中華民國太極導引文化研究會」。在這個組織之下初步培訓了教練，由熊先生率領開始傳授「太極導引」，主要的是在機關學校、公司行號及藝術團隊。由於上班族（公司職員、公務人員）的活動時間較少，工作方式又在狹小的空間內。因此「太極導引」的活動方式能有效地屈伸肢體、活動筋節肌理，並導氣和順而使氣血活絡，這是國內諸多大企業願意接受這套養生健身功法的主因。而對於太極導引萃取諸家太極的精華，太極拳界及武術界則是充滿好奇，在熊先生的指導之下，其弟子參加國際太極拳的競賽一再獲致佳績：諸如張仲仁獲得北美太極拳總冠軍，擔任李安《推手》的武術指導；黃國忠獲得西班牙國際太極拳賽銀牌獎。而國外如南非、法國等地的武術界也邀請熊先生前往傳授，都對於太極導引的訓練原理及活動方式感到高度的興趣。

　　太極導引所展現的身體語言、乃是融鑄道家哲理與太極原理於一體，為典型的東方式、中國式功法，正是

國內藝術工作者所要尋找的文化根源。較早期接受這套訓練的是優劇場，成為其身心展演的基礎功夫。其後多有舞蹈界表演藝術者加入，其中最為積極的是雲門舞集，經由熊先生創意的訓練，深化了太極導引的動作，就被巧妙地融入現代舞中，諸如《水月》、《行草》等舞作都可見導氣引體的動作，成為一種東方式、中國式的身心展現。舞者渾然引動於「太極」的內斂與外發的交織互動中，由內而外、由外引內，使身心與宇宙的律動契合為一。如果這種訓練方式能夠向下紮根，是否能在現代舞、現代戲劇的西方訓練中又多注入另一種東方活源？在這種動機下，熊先生及其門下教練乃將其引入藝術科系；包括國立藝術大學等的相關系所，嘗試經由導氣引體的身心訓練，使之溶入身體展演而融鑄出一種中國氣派、中國風格。這種身心文化的新開拓，正是熊先生長期鑽研之後的具體成就。

從「太極導引」初創，經歷了一、二十年的推動，社會各界已能「體」會其中的奧妙，將這種運動視為開發身心潛能的方法。近年來熊先生更發心將以前發行的訓練手冊，增補為最新的版本，並配合親自示範的錄影

帶公開發行（《練氣養生入門—太極導引》，聯經出版），使之更為方便於居家練習，成為日常生活中的運動方向。至於長期累積的練習、教學經驗，真積力久，功力已深，就被匯為《太極心法》（聯經出版）一書，可作為行內人的經驗交流，這是浸淫此道達五十年者的寶貴心得。長久以來，太極就是生活、生活就是太極，兩者之間已契合為一。熊先生體認到太極拳的「拳」字宜去，才不會因此被困住，如此而進乎藝，又由藝而進乎道，正是太極之道的精義所在。由此而悟及生活之道、生命之道，太極導引既是斯道之入門，也是道藝合一的終極之理。他常引張三丰的〈無根樹〉詞，闡發生命如不能及時掌握修行、修練，也將如「正幽」的花一樣，終究會早早凋謝的，只有及時努力勤修才會有根。

　　這正是「太極導引」的真精神：下苦功、勤修練、紮深根，壽綿長。

（本文作者為中央研究院中國文哲研究所研究員）

VII

自 序

　　《太極心法》、《練氣養生入門——太極導引》相繼出版後，有部分學生鼓勵我是否可再寫一本《太極導引進階》一書；我深深思索太極導引進階一書如果出版必須要給學生更多更高階的技法內容。在籌備著書這段期間我想找一位知音來研究配合，共同完成這個希望。在學生之中雖然也有些優秀能寫作的人才，可是能一貫長期投入太極導引的實在難找。十年前有一兩位學生，我認為很夠條件，於是我建議他們三年內每日到家中共同切磋練習，將經驗提升為太極進階的書。再加上近年來持續記錄下部分我對太極的思維與體悟，來做為深化此書的元素，讓這本書更豐富更具可看性。

　　「太極導引」之前在社會與國際之間傳播開來，坊間竟然有些有心人士假借「太極導引」之名來營利，造

成許多負面聲浪嚴重影響正規的教學。我常常接到一些訊息，說有些場所教練所教的並不是我書上所描述的動作要領，似乎只是假「太極導引」之名但所教的卻是外家拳腳功夫，連太極理論也與導引脫軌。這些人士甚至指稱我的教學不能實用，僅能應用在舞者的動作上面而已。或是有的在網路上散佈「太極導引」只適合於熊衛，不適合社會人士之謬論，甚至還有謠言說熊衛老師已病入膏肓等等。

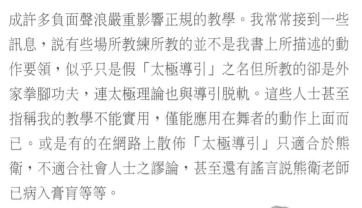

　　「太極導引」引發如此諸多負面的發展，我深感痛心。因此，我想《太極導引進階》一書的出版絕對需要更嚴謹的企劃、更紮實的內容來提供給學生以及讀者最好的品質；我仍然一本初衷以最誠摯的心來完成本書的出版，並且藉由此書澄清之前已經造成社會的負面影響，以端正視聽。

（特別感謝楊雲玉、李曉蕾老師協助本書的整理與校對）

目 次

熊衛先生與太極導引 ◎李豐楙   II

自序   VIII

壹、哲理與思維   1

一、太極導引的進階思維與體悟   2

    （一）引體的進階思維   2

    （二）導氣進階的思維   2

    （三）導引合一，運轉真空返大虛的體悟   3

二、古經典的印證   4

    （一）天人合一   4

    （二）虛也，中空也   5

    （三）內外合一   7

三、太極戰略、自然之法與哲學思維   8

    （一）談修心養氣   8

    （二）心解   8

（三）自然也，達道也　　　　　　　　　　　10

貳、太極導引進階　　　　　　　　　　　11

一、太極導引進階示範　　　　　　　　　12
　　（一）以手旋踝　　　　　　　　　　　　12
　　（二）盤膝旋腰、盤腿旋腰　　　　　　　16
　　（三）雙手敷膝　　　　　　　　　　　　21
　　（四）旋腕轉臂分解動作　　　　　　　　23
　　（五）三旋合一　　　　　　　　　　　　42
　　（六）旋體延伸　　　　　　　　　　　　46
　　（七）球體按摩　　　　　　　　　　　　60
　　（八）扣手　　　　　　　　　　　　　　62
　　（九）推手藝術　　　　　　　　　　　　98
　　（十）單鞭推手　　　　　　　　　　　100
二、舞者的身體與思想引導　　　　　　109
三、太極導引的層次及功能　　　　　　111
　　（一）更深層的沉肩墜肘　　　　　　　111
　　（二）突掌更深層的運用　　　　　　　111
　　（三）引體旋轉之更深練習　　　　　　113

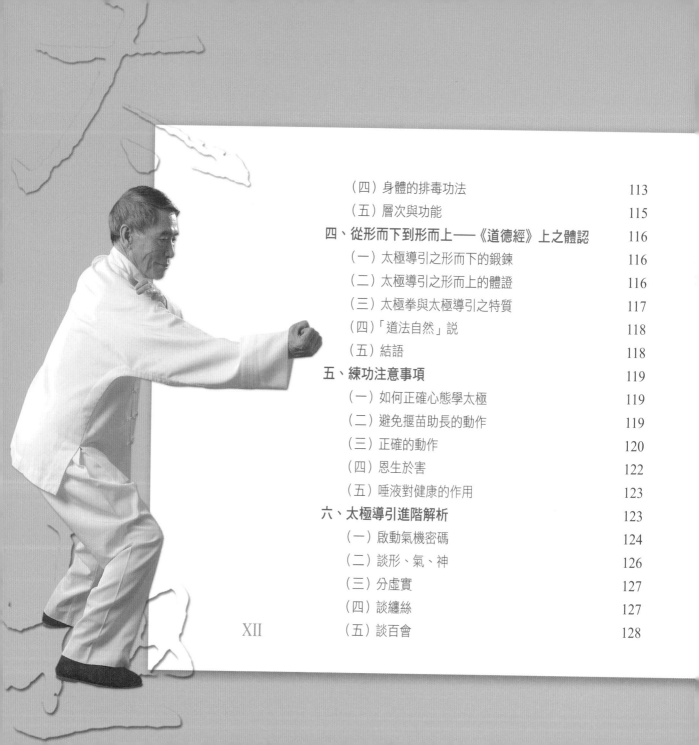

（四）身體的排毒功法　　　　　　　113

（五）層次與功能　　　　　　　　　115

四、從形而下到形而上——《道德經》上之體認　116

（一）太極導引之形而下的鍛鍊　　116

（二）太極導引之形而上的體證　　116

（三）太極拳與太極導引之特質　　117

（四）「道法自然」說　　　　　　　118

（五）結語　　　　　　　　　　　　118

五、練功注意事項　　　　　　　　　119

（一）如何正確心態學太極　　　　119

（二）避免揠苗助長的動作　　　　119

（三）正確的動作　　　　　　　　120

（四）恩生於害　　　　　　　　　122

（五）唾液對健康的作用　　　　　123

六、太極導引進階解析　　　　　　　123

（一）啟動氣機密碼　　　　　　　124

（二）談形、氣、神　　　　　　　126

（三）分虛實　　　　　　　　　　127

（四）談纏絲　　　　　　　　　　127

（五）談百會　　　　　　　　　　128

（六）沖開「死角」 129

（七）呼吸與氣 131

（八）氣宜鼓盪、神宜內斂 133

參、體認與迴響 135

一、好東西與好朋友分享 ◎楊雲玉 136

二、太極導引與人體經絡 ◎賴素爵 143

三、太極導引與醫學 ◎陳力平 147

四、由東方的身體文化看太極導引 ◎潘盈達 152

五、腦內革命與太極導引 ◎曾德財 156

六、太極導引與身心之道 ◎李豐楙 158

肆、結語 161

虛心與虛身 162

附錄 163

　一、太極拳的故事 163

　二、張祖（三丰）之詞印證太極之理 164

XIII

壹 哲理與思維

一、太極導引的進階思維與體悟

(一) 引體的進階思維

不論導氣、引體，令人感覺似乎很難，但若能依循以下所導引之思維，運作身體其實就容易多了。雖然之前已有些論述，但並不容易瞭解，這是與心理和執行的層次有關。今天我再強調説明引體的進階思維。

我曾經論述有三個層次：第一是神經系統，其二是經絡系統，其三是臟腑系統。到了臟腑系統階段，也就是其功已行陰中之陰了。但是一般學員所練的多數只是在神經系統外圍下功夫，或只是強有力的去練習而已；也有些以躁動的方式去練習，所以練一段時間後，以為引體不過爾爾，就放棄了，要再回頭不太容易。如果加強這層次進階之思維，就必須默默去深思。

但深思什麼呢？

諸如《拳經》有些描述，如強調要「用意不用力」、「勁斷意不斷，意斷神可接」、「虛為實之基，實為虛之驗；至虛而含至實，至無而含至有」……，這些都是練太極拳的心法。

如果你不從這些心法去實踐力行，忽略了這些思維上的論述，僅在肢體上用功，就很難有進一步的發展。所謂「主之者心，輔之者意，行之者覺」，如果能深悟這些道理，不問收穫，只是鍥而不捨的去執行，去力求放鬆，鬆到底，鬆到透；由量變到質變，由神經系統鬆到中層的經絡系統。到這時段，你才能漸體認經過放鬆的過程，真正感受到潛氣在體內流暢舒適。經過這些流程後，自然會心領神會了。

而在另一層次的思維，所謂「不睹不聞」，你的心身才會放鬆求其虛無；再從內心去修為以「存誠去妄」，你的心自然落實。但你要先去求虛，求虛才能落實。所謂「內剛外柔」：因「內剛」則敢於行事，「外柔」自然能應物。

這進階的思維，必須從引體放鬆，融入你平常的生活中。

(二) 導氣進階的思維

當你在導氣練呼與吸時，不必執著於吸多久或呼多久，而是要讓它自然去平衡。當你第一次想要吸提時間較久，但不一定要呼同一時

間之久，或許少一點，或分段縮短呼，讓它自然平衡。當你自然呼吸平衡後，有時又會出現不自主的深深一吸，或又一次深長的呼氣，其中有些微妙的過程，也都是自然的過程。讓你

去深探其中的道理，也就是先依自然的規律，而又漸次脫離這自然的律動，這就是真正的自然。因為你的呼吸量漸漸在加強。這種現象，帶有些不自然的自然，又有自然的不自然。在不自覺中增加呼吸量，如此循環。這是無意於求進步，而是自然不覺的進步。你的肺部及微血管在無形中全面都在擴張，你會感覺到體內晴空萬里，這是自然真空的現象，感覺無比舒暢。

如果從養生的觀念來比喻：如加強飲食管理，以少飲食去漸漸養成不貪食的習性，你會感受到「飲食多則氣逆」的經驗，所謂百脈漸收閉。百脈閉則容易氣阻塞不行；氣不行，自然就生病了。所以要不斷去思悟，導氣也是一層深一層的進步過程。如果你只是以平時自然的呼吸，不加以意念導進，則將始終停滯在窄小的空間，如此氧氣就不容易進入你的微血管來補給內層細胞了。

(三) 導引合一，運轉真空返大虛的體悟

導氣、引體進階之思維，已做了一次粗淺的心得描述，現在我再談談我的想法及體悟。

所謂導氣就是引體，引體就是導氣，我已將導氣引體合而為一。

我又將所經歷過三個階段性的層次，即神經系統、經絡系統、臟腑系統，合而為一。由於經過引體的層次，已將外形的體轉化為流體；原來以動作來導引，現在以「盪盪然若虛」來導引，也就是以意念來導引了。

為什麼到這階段才能行意念導引？因為導氣的過程，已將丹田內轉、氣沉丹田的動作，使腹部、胸部到後面的大椎骨，所積存的廢料轉化，內部的空間不斷的擴張，已成真空的狀態了；而在外圍的骨節，九大關節以及深層的骨骼，均一一鬆透；要什麼，有什麼的條件均已完成。僅憑意念導引，就可達到真空的感受。這時候你的內涵就猶如一個小宇宙了。上乾下坤，就是上天下地仿日月，自強不息的運用氣的能量，形成渾然一氣，感而暢通的深層境界了。所謂「神穆穆，貌皇皇，氣象混淪」，也如同張三丰祖師所描述的：「無根樹，花正無，無相無形難畫圖。無名姓，卻聽呼，擒入三田造化爐。運起周天三昧火，煅煉真空返太無。」這些理念只要執著其一並鍥而不捨，自

然可達到較高層的身體文化。

二、古經典的印證

（一）天人合一

中華民族古老的身體文化非常豐富，如：《道德經》、《陰符經》、《參同契》這些經文等等，都蘊涵無窮無盡的道理。

近十年來，我將前人之智慧運用其中的一小部分引入太極導引，以理論根植肢體上的延伸、實踐與累積，已為現今社會逐漸接納，也漸漸認識它的內涵及其自然律動的要義，加強了身體另一層次的運動空間。究其原因，關鍵在於突破意識的控制達到虛空的境界，因為我們越是著重於有形的動作，越會束縛了我們的潛意識以及心理。

我漸漸領悟出古人的哲理—「天人合一」，深信藉由太極導引的力量，可將上述諸外在的層層障礙清除。

我從《易經‧繫辭》得到了啟示：如「易之為書也不可遠，為道也屢遷，變動不居，周流六虛，上下無常，剛柔相易，不可為典要，惟變所適。」因而前二十年就是被固定的動作

困住了。

我從《道德經、第二十一章》也得到了印證：「道之為物，惟恍惟惚。惚兮恍兮，其中有象；恍兮惚兮，其中有物；窈兮冥兮，其中有精；其精甚真，其中有信。」我就是從此領悟到渾然一氣，恍惚似有，有而非有，無而非無，深感其不可視聽之微妙運化之功能。

《陰符經》中有云：「觀天之道，執天之行」。何謂天之道？天地以自然而轉，日月以自然而運，萬物以自然而生，天無旋則毀，地無旋則墜，人無旋則枯，所有動作必須旋轉，因為旋轉才能使全身運動，促使更多的微血管暢通，就不易形成高血壓的病變。當你經常練習旋腕轉臂，必然延伸到前面的鎖骨及後面的肩胛骨，則五十肩的病變也不會發生，都可防患於未然。

（二）虛也，中空也

《道德經》云：「天地之間，其猶橐籥乎，虛而不屈，動而愈出。」虛也，中空也。所有器物之所以可發出聲音者，虛也，中空也。

太極所強調的就是要消化胸、腹所堆積之脂肪、膽固醇、乳酸等廢料，使其虛也，使其容量的空間增大；如此即是藉橐籥以傳送大自然的能量而為我所有，假陰陽造化之機而為我所用。

《黃庭經》云：虛也，中空也。

練好丹田內轉、氣沉丹田、弧線升降，使胸腹之間的空間擴大，配合導氣的動作，氣血循環於心臟部分自然加強，心臟病也就不易發生。

人亦小天地也。身軀中央，謂之「黃庭」：黃乃中央之色，庭者虛也。在此描述一兩個動作的概念作為發音的起點。首先談到「丹田」，「丹田」又稱「氣海」，「氣海」的儲能是通過造化所產生的質量，它是一種低頻波。每個人之身軀相當於一個電網路，若經常鍛練「太極導引」，久之，便可產生「諧震」，它是天然的能量，取之不盡，用之不竭；這就好像我們在充電。但要達到這種現象當然要有些動作配合運用，譬如：「呼吸以踵」，就是採縱向的鍛練，假呼吸之開闔，上下延伸；「南北拉極」就是要把橫向的穴道擴張。這兩個動作練久了（也就是從量變到質變），自然「黃庭」的空間就由上而下，由左而右，以脊椎支撐（也就是含胸拔背）；再配合橐籥的原理運用，自然產生悠悠不絕的音量；再以纏絲勁的運用，延伸到全身所有的經絡，以增加更大的空間，更強的音量。

至於「虛」與「中空」的體悟，我們可以由以下的思維漸漸產生聯想：

第一波的思維：唐詩有云：「姑蘇城外寒山寺，夜半鐘聲到客船」，為什麼深更半夜能傳播這遙遠而清脆的音量？是虛也，中空也。

第二波的思維：所謂「谷神」，空谷之神，俗名「崖娃娃」，以其有聲而無形，故以谷之神名之。因群山高聳，山與山中間一谷，人聲喊叫谷中傳音；也是虛也，中空也。

第三波的思維：風在林裡嘯，雷從雲中轟，似無還真有，總是氣成聲。仍是虛也，中空也。

（三）內外合一

《參同契》一節：易行周流，屈伸反覆，幽、潛、淪、匿（即太極纏絲之現象），以無制有，器用者空。假設用木桶盛一桶水，丟在滄溟之海，木桶之水必然毫無作用；若將木桶去掉，將水倒在大海，則自然與大海之水一同波浪滔天，發揮無限之能量。同樣的道理來取用，我也把太極拳之「拳」字去掉，而改名為「太極導引」。去掉「框架」之後的太極導引，才是「不為典要」，才可「渾然一氣」。強調旋轉的延伸，以至體內中空、氣血循環而內外合

一，我們若常以太極纏絲來訓練，身體則自然健康了。

我首創「太極導引」之動機，即是來自先祖的智慧，最後以張三丰之詞與各位同好共勉：

> 無根樹，花正幽，貪戀榮華誰肯休？
> 浮生事，苦海舟，蕩去飄來不自由。
> 無岸無邊難泊繫，常在魚龍險處遊。
> 肯回頭，是岸頭，莫待風波壞了舟。

三、太極戰略、自然之法與哲學思維

(一) 談修心養氣

　　一個人的修心養氣，固然先要從正心、誠意下工夫，然而如何落實到這種內修的境界，即孟子所謂之「吾善養吾浩然之氣」，而且要「直養而無害」。直養就是自然，但僅能「善養」，而不能累積涵潤，就好像我們在銀行每天儲存一百元，但每天多用超過一百元，也就是你的消耗超出了內養。這樣的修心養氣對於身體的健康，是得不到自然內養之功效的。所以善養，貴在能積，所謂「積健為雄」就是這個道理。

　　而從另一個角度來分析修心養氣。同樣是養氣的內涵，但是心態上又有內、外很大的差異。姑舉一例：我們看一個勇敢的人，與一個鬥狠的人，似乎是同一類型吧！但如果從這兩人的心態去分析，勇敢的人氣壯，是所謂正義之氣，雖千萬人吾往矣；而鬥狠的人氣戾，是所謂乖戾之氣，其心態則是自私的。

　　又如一個精明的人與一個刻薄的人，從氣質上分析：精明的人氣「朗」，刻薄的人則氣「酸」，其心態亦是自私的。又如一個吝嗇的人與廉儉的人粗看類似，但廉儉的人氣「和」，吝嗇的人則氣「澀」，故不能從外表皮相去分辨，而應從心氣上作分辨。

　　以往農業社會時的淳樸人性，在今日商業社會的變遷下已漸漸變質了。人與人之間的關係，僅靠利益來維繫，就像巧取豪奪，無所不用其極；只要有利之所在，便趨之若鶩。所謂良知、良能、人倫道德、禮義廉恥等等，早就脫序了。古人謂：「得乎道而喜，其喜曷已；得乎欲而喜，悲可立俟」。如此之心境，連根都拔掉了，世人還會快樂嗎？

(二) 心解

　　綜合事實、感覺、天性，再根據經驗與成

熟的人格,做出合理的判斷;這種實際的能力就是智慧。內景是能量的儲存,其熱度足可轉化成精的強大力量,澄清人生的意義,激發潛意識。這與練太極導引的修為有密切的關係。

我們來檢驗一下練太極導引之功效、心得及今後所立定的方向。我們知道太極之理非常深奧,非一朝一夕之功,必須立長久之志,行長久之功。孟子曰:「君子深造之以道,欲其自得之也。」而我們在練習的過程,總是不免潛意識中潛藏著許多病態的情緒。如:妄想速得,急欲見效,日久懈怠,無長久之心,少堅固之念,忽進忽退,忽行忽止,方欲向前,卻又縮後,虛懸不實,恍惚不定。其實想要真正練好太極,必須窮理;而且必須窮至無絲毫有疑,無絲毫不知。所謂:知之真,見之的,而後始明。愈久愈力,愈難愈苦,終久有個得意之時。精思密練以求其成,必在至隱至微處下工夫。人各有質,資稟復異,因其所異以求其法,取徑雖別,進退則同。蓋法,道之末也;進而求其本,得道而貫通之,諸藝皆指掌耳。

（三）自然也，達道也

現在我們再從太極戰略、自然之法及哲學思維等三個不同的角度來探討：

1. 太極戰略：太極戰略是什麼？是「大守不守，所以有守；小守力守，所以不守；守不在守，而在自健。夫惟自健，守之至也。」「守」亦即「攻」也。那麼何謂「自健」？就是將太極生活化，日日執行，即是自健之道，若能日日執行，就是大守了（久久而無間，則全身經絡均能暢通，不必強調肢體，改為以感而遂通之氣流，意氣互動）。

2. 自然之法：「天地以自然而轉，日月以自然而運，萬物以自然而生，法度以自然而動，此先天之道也。」能動得其宜，故內外俱安，安則定而無慮，順逆利害，從此而分。前來前去，後來後去，從來從去，不失其序，此正之和也，故自然者順乎道，合乎勢，就是動得其宜。

3. 哲學思維：哲學自身的價值即為純粹理論之價值，而理論之研究也非少數。

哲學者，概念之遊戲，實為理智人生深遠之要求。明知其不可搏得升斗之利益，而必畢生研究之。誠欲滿足其理智無限的追求，所謂為真理而求真理。《莊子》所謂：「無用之用」，人能依道德的動機而行動，能使良心充分滿足，亦能使人生全體的價值增進。道德之貴貴在自律，只因能立而自實現之，不假其他手段而自有其存在的價值。

太極導引是整體的、全面的，其與中醫經絡有密切的關係。導氣引體是根據針灸的原理而發展出來的運動，是防患疾病於未然。太極導引與哲學思維之關係，與自然之間的關係，乃是一體不可分的。我們說音樂的節奏是自然的，音有高低起伏之震盪，而我們的心也是一種自然的律動，你想停止或是不停止，這都是不合乎生物的規律。

此自然之規律正是：「恰恰用心時，恰恰無心用，無心恰恰用，常用恰恰無。」你只要自然放鬆，你不必著而無所不著；你不必無著而無不著；要以心的自然合天地的自然，而合自然之自然。亦如順水行舟易以達，逆水行舟易以遠，就是自然也，達道也！

貳 太極導引進階

一、「太極導引」進階示範

「導引」的身體訓練已是眾所周知，且是已經大眾實作證明的養生法；經由旋轉的肢體動作，帶動身體全方位的牽絞（纏絲），可以說是一種從人體外層的肌膚，深到內裡的經脈、筋骨、腑臟、穴道的自我按摩。

現代人因為生活與工作的壓力，甚至坐姿不良，或長時間窩躺在沙發上等影響；加上食物過於精緻化，又極少運動的結果。使身體經穴、脈絡大多阻滯而不通暢，體內囤積了過多的脂肪、有毒的物質，卻又無法排放，日積月累後形成體內過重的負荷，自然影響健康而造成身體不適。在腰酸背痛、氣悶瘀胸等狀況下，一般人即求助於各種紓壓的按摩療法、或打通氣脈的中醫治療；但畢竟一般的按摩，僅是暫時性紓解筋肉的痠痛，中醫療程則需慎重篩選，又緩不濟急。其實最有效、最具養生的做法仍是「自我的動能」，即是「太極導引」的養生訓練；透過自身旋轉肢體的運動，產生自我按摩臟腑的動能，將體內的有毒物質排出，就達到一般體能運動無法完成的「體內環保」。

當「太極導引」之引體各式長久練習後，必然獲益良多，更期望「導引」的練習能融入日常生活中，達到無場地、無時間限制的運動；甚至我們在休閒、看電視時，亦能隨時精進「導引」的修習。因此提供幾項增進每一骨節分解動作的深入訓練，讓大家隨時、隨地皆可練習，以奠定各關節、筋骨的堅實基礎。

（一）以手旋踝

關節、筋骨基礎的奠定動作，首要在腳底的湧泉穴。想要身體輕鬆而自在，必須加強以重心支持中心的靈活度，重心的落點即在湧泉穴；而湧泉穴的磨練則以「以手旋踝」為最。其動作增強內層軟骨組織的韌性，即使僅靠腳踝之一點著地，仍可輕鬆承受全身的重量及其動量。

動作解析：

1. 盤坐於地。

2. 以右手勾抬右腳（肘、膝內側相靠），左手緊握右腳掌使湧泉穴內凹，旋轉足踝。左腳旋踝，反之亦然。（圖2-1～2-12）

1

2

連續分解動作：

2-1

2-2

2-3

2-4

2-5

2-6

2-7

2-8

2-9

2-10

2-11

2-12

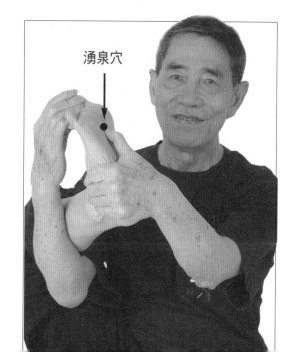

湧泉穴

（二）**盤膝旋腰、盤腿旋腰**

　　「以手旋踝」之後，延伸至「盤膝旋腰」，可消除大腿與腹部脂肪，體態輕盈之外，久練會使整個身軀加強盤旋飄忽於空間之氣勢，又可隱藏無比的內勁而無形無相。

盤膝旋腰動作解析：

　　1. 相繼將兩腿交叉盤坐（先以右足盤於左腿上），兩足掌側放。

　　2. 雙腿靠腹向左右延伸，以兩手握壓足掌，將重心左右旋轉，丹田懸空擺盪。（圖2-1～2-15）

1

2

連續分解動作：

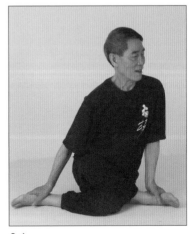

2-1

2-2

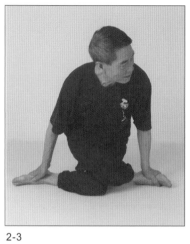

2-3

2-4

2-5

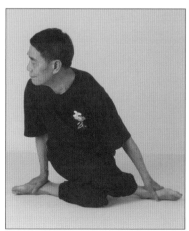

2-6

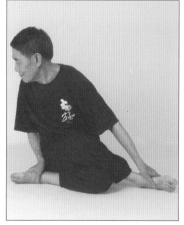

2-7

2-8

2-9

2-10

2-11

2-12

2-13

2-14

盤腿旋腰動作解析：

　　1. 坐姿，將雙手掌相互摩擦，由慢而快，待心火之竅的手心產生高熱能量。（圖1-1～1-2）

　　2. 先以右腳盤於左腿根上，以兩掌敷蓋雙膝，將重心左右旋轉，丹田懸空擺盪。（圖2-1～2-6）

連續分解動作：

2-15

1-1

1-2

2-2

2-3

2

連續分解動作：

2-1

2-4

（三）雙手敷膝

　　盤膝（腿）旋腰的練習之後，可以「雙手敷膝」來保護及修養膝蓋，增加穴位內層軟骨的韌性，使其不易受傷，又能將熱能傳達腰隙的深處，以增加水火相濟之功能。

動作解析：

　　1. 坐姿，將雙手掌相互摩擦，由慢而快，待心火之竅的手心產生高熱能量。

　　2. 將雙手掌敷蓋於左右兩膝蓋，使其熱能透過膝蓋部分的三角形穴位，即膝蓋後方之委中、委陽、陰谷處，以保養經脈及穴內軟骨韌性。（圖2-1～2-4）

2-5

2-6

2

連續分解動作：

2-2

2-1

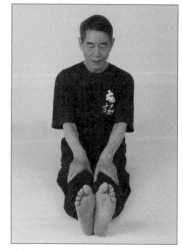

2-3

2-4

（四）旋腕轉臂分解動作

經脈、腑臟的基礎奠定即在手腕，因為手腕的氣口（即寸關尺部位）可通達全身經脈、腑臟。加強基礎則須以分段動作、徹底進行，才可透徹至全身經絡。

動作解析：

首先旋腕、坐腕到肘；次而旋腕、突掌到肩頭部分；再延伸至鎖骨、肩胛骨，使胸前兩乳周圍肌肉的微血管，藉向內旋轉產生按摩作用，使其氣血暢通、韌性加強。再旋腕、舒指，將手臂旋轉延伸到中指末端（即心包經末梢）。

由旋腕而至肘、肩、肩胛骨三部分分開鍛鍊後，再統一動作、整體連貫，即為熟知的「旋腕轉臂」；漸次形成左足與右手成為一螺絲線，右足與左手成為一螺絲線。均以命門為中軸，藉由螺旋的弧線而無限延伸，使筋骨、腑臟增強內勁，即配合呼吸而養氣調心肺。這種由階段性逐漸形成整體性的動作，不會有傷害筋骨的情事發生，因漸進的方式而使動作執行越來越簡單、精準，亦較容易悟到意念與氣血運轉的實質經驗之累積。

1. 坐姿連續分解動作（圖1-1～1-41）

1-1

23

1-2

1-3

1-4

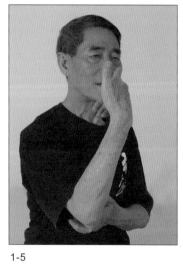

1-5

1-6

1-7

1-8

1-9

1-10

1-11

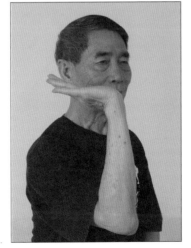

1-12

1-13

1-14

1-15

1-16

1-17

1-18

1-19

1-20

1-21

1-22

1-23

1-24

1-25

1-26

1-27

1-28

1-29

1-30

1-31

1-32

1-33

1-34

1-35

1-36

1-37

1-38

1-39

1-40

1-41

2. 站姿連續分解動作（圖2-1～2-37）

2

2-1

2-2

2-3

2-4

2-5

2-6

2-7

2-8

2-9

2-10

2-11

2-12

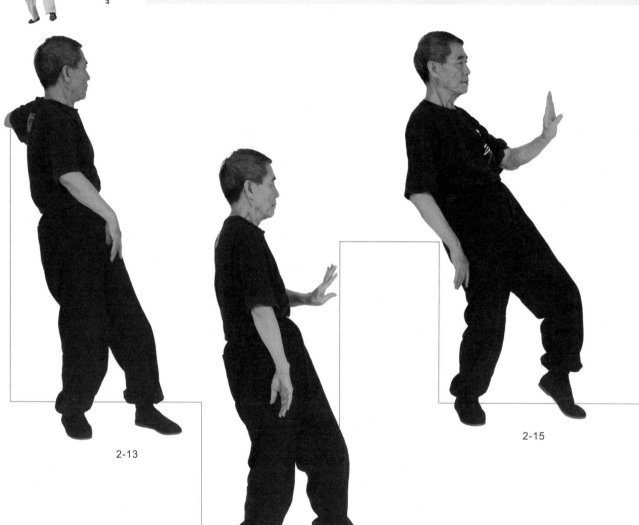

2-13

2-14

2-15

2-16

2-17

2-18

2-20

36　　　　2-19

2-21

2-23

2-22

2-24

2-26

2-25

2-27

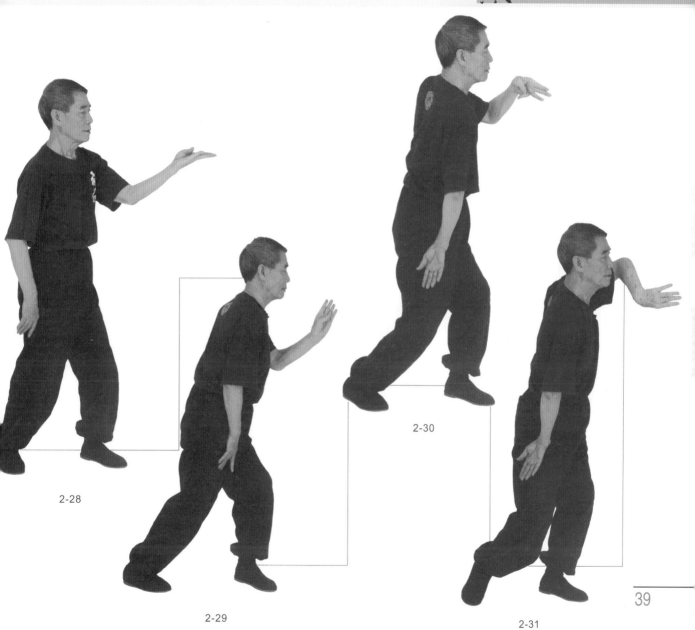

2-28

2-29

2-30

2-31

2-32

2-33

2-34

2-35

2-36

2-37

（五）三旋合一

　　旋腕轉臂、旋腰轉脊、旋踝轉胯三者合一，成為一整體的動作，故稱「三旋合一」。這三旋合一的動作，均是循天機自然運轉，陰陽自然開合，如此循序漸進的動作，是不會造成受傷的情形發生。

　　所謂三旋合一，就是太極圖像：由左到右Ｓ形旋轉，再由右到左的迴旋，就成了８字形的旋轉；漸漸帶動了內部，均能得到自我按摩的作用，向外已延伸到百骸，向內已延伸到五臟六腑。這三個旋轉的動作，古時總稱為「太極曲線」。

　　其內涵乃「靜中有動，動中有靜」。如同植物的成長，健康的功效也是自然的累積，才是練養並顧。

連續分解動作：（圖1-1～1-17）

太極圖

1-1

1-2

1-3

1-4

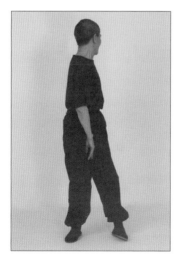

1-5

1-6

1-7

1-8

1-9

1-10

1-11

1-12

1-13

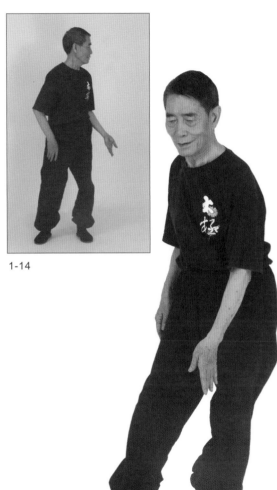

1-14

1-15

1-16

1-17

（六）旋體延伸

「導引」的動能，最大的力量在身體左右、交叉進行旋轉與延伸。

在熟習「導引」的「旋腕轉臂」之後，可進階至「旋體延伸」，使旋轉的力量擴展到極致（從腳底的湧泉穴至左右手指尖），配合紓緩的呼吸吐納，從肩胛骨、脊椎、胯骨、膝、踝等部位筋骨的交替、開合，讓氣隨著旋轉的力量傳送至肢體的每一末梢。因此筋骨彈性擴增，氣血暢通，身體就感到極度的舒適。

動作解析：

1. 預備式：全身放鬆，氣沉丹田。雙腳與肩同寬。（圖1-1～1-4）

2. 重心先置於右腳，旋身左轉後，重心置於左腳。雙手延伸，左手繞頭旋腕向上，右手旋腕向下。（圖2-1～2-5）

3. 十字手交叉換手，相反旋身，雙手延伸，右手繞頭旋腕向上，左手旋腕向下。（圖3-1～3-6）

4. 旋身至正面，左手在前、右手在後，平伸延展。（圖4-1～4-2）

連續分解動作：

1-1

1-2

1-3

1-4

2

連續分解動作：

2-1

2-2

2-3

2-4

2-5

3

連續分解動作：

3-1

3-2

3-3

3-4

3-6

3-5

4

連續分解動作：

4-1

5

連續分解動作：

5. 旋身右轉向後，右手在前、左手在後，雙手平伸往外延展。（圖5-1～5-2）

4-2

5-1

5-2

6. 身軀回正（47頁圖1-4），重心先置於左腳，旋身右轉後，重心置於右腳，雙手延伸，右手繞頭旋腕向上，左手旋腕向下。

（圖6-1～6-6）

6

連續分解動作：

6-1

6-2

6-3

6-4

6-5

6-6

7. 十字手交叉，相反旋身，雙手延伸，左手繞頭旋腕向上，右手旋腕向下。（圖7-1～7-5）

7

連續分解動作：

7-1

7-2

7-3

53

7-4

8. 旋身至正面，右手在前，左手在後，雙手平伸延展。（圖8-1～8-3）

8

連續分解動作：

7-5

8-2

8-1

8-3

9

10. 右旋身轉至面左，重心移至左腳，同時左腰與左手向斜上方延伸（圖10-1～10-3）；轉腰向左，將右手上提與左手交疊於胸前（圖10-4）；而後右手虎口輕握左手虎口，右肘在上，左肘在下（圖10-5）；轉腰向右，順勢帶動雙臂使左肘在上，右肘在下（圖10-6～10-7）；雙手鬆開，重心移回右腳時，右手以上移頭部，左手移至背後（圖10-8～10-10）；轉身向左，左手逐漸由背後移至左腰旁（圖10-11～11-1）。

9. 旋身左轉向後，左手在前，右手在後，雙手平伸往外延展。（圖9）

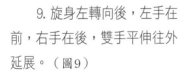

連續分解動作：

10

連續分解動作：

10-1

10-2

10-3

10-4

10-5

10-6

10-7

10-8

10-9

10-10

10-11

11. 向左旋腕，坐腕（使寸、關、尺等氣口的關口打開，使尾閭骨前送），以拉弓、突掌、舒指的方式作三次「旋腕轉臂」的動作。（圖11-1～11-12）

11

連續分解動作：

11-1

11-2

11-3

11-4

11-5

11-6

11-7

11-8

11-9

11-10

11-11

11-12

12. 再重複以上的動作，隨勢吐納，氣順體暢。右向練習者，反之亦然。

（七）球體按摩

在「導引」的身體訓練已有基礎後，即可進階至「球體按摩」階段。全身上下、所有的大關節及較小的骨骼層均已達到靈活如珠的現象時，藉由球體（棒球）懸於身體與牆壁之間的運轉，使其內（身體）外（球體）兼施的雙重力道更深入刺激體內筋骨、腑臟等穴道，就比一般僅借外力刺激筋肉肌膚的按摩，更能省時、省力、省錢，且在放鬆經穴壓力的同時，亦達到運動、練身的雙重目的，更因而體驗《拳經》所云：「渾身是手、手非手」，完全以心意來掌握球體的運轉。

動作解析：

1. 輔助用具：棒球，因其大小適中、軟硬適度。牆面，長約一人身高、寬約100公分以上的一般牆壁（必須無吊掛飾品之空白牆面，以未貼磁磚者為佳，如果牆面表面太滑或是有溝縫就會影響球體的運轉）。

2. 動作：背面立於離牆數公分之距，將球置於頸下背部，緩緩吸吐氣，試著以左右筋骨交換運用的方式，盡量維持體內筋骨旋轉的力量讓球隨之滾動。球體行經路線並不固定，可上、可下，左右無礙，目的是盡可能不讓球落地，持續擠壓身體各部位穴道。背面之後，即可轉正面練習，原理相同。球所經過的穴道即可受到雙向的刺激，達到內外按摩之功效。（圖1-1～1-11）

1

連續分解動作：

1-1

1-2

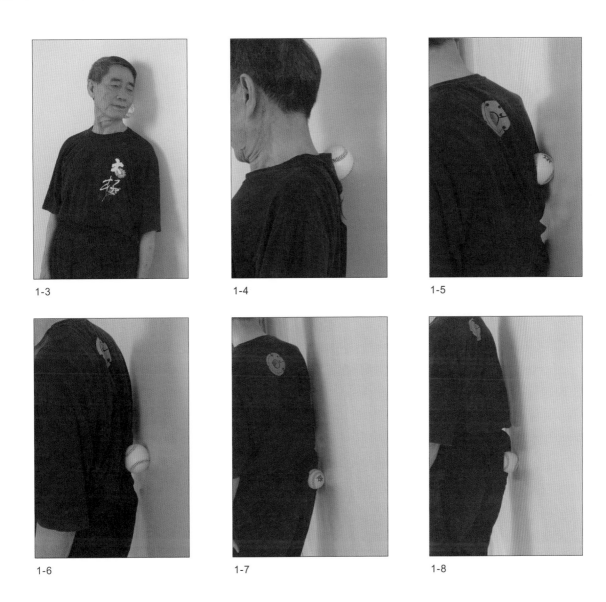

1-3

1-4

1-5

1-6

1-7

1-8

1-9   1-10   1-11

提綱挈領

　　「導引」進階的訓練，在強調與日常生活
型態的結合及方便性，有深根的動作（以手旋
踝、盤膝旋胯），有保養的動作（雙手敷膝、
球體按摩）以及綜合變化的動作（旋體延伸）。
而另一部分則期望在健身之外，除增加訓練的
趣味又可防身，也可將旋轉手、肘、腰、胯、
膝等動作結合，延伸成為兩人的對練。一方面
喚起保護自我的本能，另一方面訓則練皮膚層
的「聽勁」，使全身細胞反應靈敏以達到隨心

所欲的「柔」與「黏」；在遭遇攻擊時，即可
出其不意輕鬆的制止對方，達到練身、健身、
防身等目的，乃是實務的運用。

（八）扣手

　　「扣手」系列是雙人的練習法，亦即太極拳
中雲手的運用。除健身之外，還具有防身術之
基本觀念。個人先須將旋拳、旋掌、旋肘、旋
腰等動作單練純熟，然後再進行兩人的對練。

1. 扣手之一

動作解析：

(1) 預備式：甲乙二人同邊而立，甲右足在前，乙左足在前，兩人的前足掌相靠。

(2) 乙左手旋拳擊甲胸前，甲以右手旋肘化之。

1

2

連續分解動作：

連續分解動作：

太極導引 進階

⑶ 乙旋以肘節困住甲二點之手臂。（圖3-1～3-3）

3

連續分解動作：

3-1

3-2

3-3

(4) 旋掌擊甲之右頰。（圖4-1～4-5）

(5) 甲即旋腰而化。（同(4)之動作）

(6) 再以右拳擊乙胸前，乙旋左肘而化。（圖5-1～5-3）

(7) 甲以肘節困住乙二點之手臂。（圖6，7-1～7-5）

(8) 旋掌擊乙之左頰。（圖8-1～8-3，9-1～9-4）

(9) 乙即旋腰而化。（同(8)之動作）

4-2

4

連續分解動作：

4-1

4-3

4-4

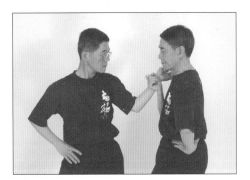

4-5

5

連續分解動作：

5-1

5-2

5-3

6

連續分解動作：

6

7

連續分解動作：

7-1

7-2

7-3

7-4

7-5

8

連續分解動作：

8-1

8-2

8-3

9

連續分解動作：

9-1

9-3

9-2

9-4

(10) 再以左拳擊甲胸前。（圖10-1～10-2）

(11) 甲乙循環轉圈而化，由慢而快、快而慢，相間的練習，漸進至自然反應，以達到健身與防身的雙重功效。

(12) 甲乙可調換方向，熟悉與訓練左右兩邊的反應能力。

10

連續分解動作：

10-1

10-2

2. 扣手之二

動作解析：

(1) 預備式：甲乙二人同邊而立，甲右足在前，乙左足在前，兩人腳掌相靠。（同「扣手之一」）。

(2) 乙右手旋拳擊甲下襠。（圖2-1～2-2）

(3) 甲後坐以右手黏乙拳。（同(2)之動作）

2、3

連續分解動作：

1

2-1

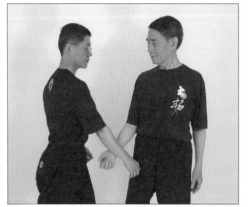

2-2

2-3

2-4

(4) 乙左手旋拳擊甲右側。（圖2-3～2-6，
4-1～4-5）

(5) 甲旋腰而化。（同(4)之動作）

4、5

連續分解動作：

2-5

2-6

4-1

4-2

4-3

4-4

4-5

6、7

連續分解動作：

6-1

6-2

⑹ 甲左手旋拳擊乙下襠。（圖6-1～6-4）

⑺ 乙後坐以左手黏甲拳。（同⑹之動作）

⑻ 甲右手旋拳擊乙左側。（圖8-1～8-4）

⑼ 乙旋腰而化。（同⑻之動作）

6-4

6-3

8、9

連續分解動作:

8-1

8-2

8-3

8-4

~2-2，3-1~3-3）

（3）甲撤步鬆腰左化，同時右手沿乙之左臂收回，輕握其左拳。（同 (2) 之動作）

（4）左手亦跟上握住，雙手拇指並列，指尖朝後。（圖4-1~4-5）

（10）甲乙雙方循環互動，轉圈而化；由慢而快、快而慢，快慢相間的練習，漸進至自然反應，由於都是旋轉圓形的動作，相互有按摩與本能防身之效。

（11）甲乙可調換方向，熟悉與訓練左右兩邊的反應能力。

3. 扣手之三

動作解析：

（1）預備式：甲乙二人相對而立，兩腳與肩同寬，二人之間約一個半臂之距。

（2）乙出左腳，以左拳擊向甲胸。（圖2-1

2

連續分解動作：

2-1

2-2

3

連續分解動作：

3-1

3-2

3-3

4

連續分解動作：

4-2

4-1

4-3

4-4

(5) 先將手順勢向左後方引動，再朝上畫圈。

（圖5-1～5-3）

(6) 同時向右轉腰側身，雙手拇指以其餘四指為
　　支點向下輕壓。（圖6-1～6-6）

(7) 鬆開雙手，使對方隨之倒地。（圖7-1～7-3）

(8) 甲乙如前述交換動作。

4. 扣手之四

動作解析：

5

連續分解動作：

4-5

5-1

5-2

5-3

5-4

6

連續分解動作：

6-1

6-2

6-3

6-4

6-5

6-6

7

連續分解動作：

7-1

7-2

7-3

（1）預備式：甲乙二人相對而立，兩腳與肩同寬，二人之間約一個半臂之距。

（2）甲以左手握住乙之右手腕。

（3）乙先以左手按住甲之左手掌。（圖3-1～3-2）

（4）再以「通臂雙旋」之勢，右肘上抬畫圈再下壓甲之左臂。（正面圖4-1～4-12，背面圖4-13～4-16，）

（5）同理可用於甲以右手握乙的左腕，或反之。

1

2

連續分解動作：

3-1

3-2

4

連續分解動作：

4-1

4-2

4-3

4-4

4-5

4-6

4-7

4-8

4-9

4-10

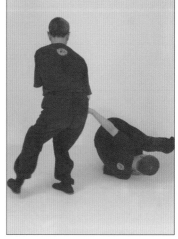

4-11

4-12

4-13

4-14

4-15

4-16

(6) 甲乙如前述交換動作。

5.扣手之五

動作解析：

(1) 預備式：甲乙二人相對而立，兩腳與肩同寬，二人之間約一個半臂之距。

(2) 甲以右手握住乙的右手腕。（圖2-1～2-2）

(3) 乙先以左手按住甲的手背。

(4) 以腰帶動雙手由內向外順時鐘方向畫

圈。（圖4-1～4-3）

(5) 同時右手四指按壓在甲的外關穴處並向下施力，最後鬆手使其倒下。（圖5-1～5-6）

(6) 同理可用於甲以左手握乙的左腕，或反之。

(7) 甲乙如前述交換動作。

1

2

連續分解動作：

2-1

2-2

3

4

連續分解動作：

4-1

4-2

4-3

5

連續分解動作：

5-1

5-2

5-3

5-4

5-5

5-6

（九）推手藝術

推手可提升至藝術層面，其條件是將身軀放鬆到全身能如流體，左手與右足能成垂直線。也就是將左手後面的肩胛骨脫開旋轉到中間線，而右足也已鬆到右腰的深穴處，整個身軀上已延伸到左手的中指，足部已延伸到右足的湧泉穴。反之，右手與左足之間亦如垂直，以命門為中軸，形成左右交叉線，可前可後，可左可右，隨內氣的流轉，整個身軀成為一曲直隨形的圓圈，將掤攦擠按的相生相剋，相互轉化，即方中有圓，圓中有方的內在條件。想要掌握到這些內涵，其難度是相當高的。故《拳經》有云：「掤攦擠按世間稀，十個藝人十不知」。

太極拳前輩論太極拳的勁路，稱為太極勁，又稱為「浪勁」。其質似剛非剛，似柔非柔，其能量如波浪起伏，取之不盡，用之不竭。以這樣曲直隨形而

抽象的內蘊，落實在推手中，其形態絕不是直來直往的動作可以企及。它的動作是動盪的，有上有下，有左有右，有浮有沉。如意要發勁，即以立體旋轉，六個方向同時迅赴。亦如龍捲風的現象，所以它是波浪形的，綿綿不絕的施加於對手；對手如被這種浪勁襲擊推出，因為它是柔性的、彈性的、所以不會受到太大的傷害。這是一種含有藝術感的運動。

在二人推手的過程中，均是以掤攦擠按為基本動力，一來一往，變化於中，相互摩盪，人己相參。當以意氣敷蓋於對方時，在「彼不動，己不動；彼微動，我先動」，這就是要掌

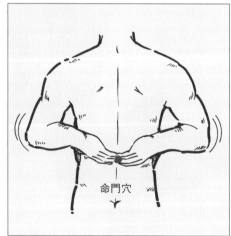

命門穴

湧泉穴

握其微動之機。因為這微動在先，先者有形，待者無形。有形，事之主；無形，事之賓。先客觀以為察，爭主動以為用。也就是雙方對峙時，不先動而內固，動則用勢而捨守。守，隙之生也。當前手去，後手黏；一手回，另手隨，兩手一陰一陽運用其間，是可趨也。當彼勁將出未出，雖收未復，間也。這「間」就是「隙」，這「隙」就是「機」；如此以心意穿插其中，則發勁已掌握在我了。

太極導引的理念，就是要將身軀千錘百鍊，日積月累而達到鬆透的階段，再進一步就要求剛柔相濟，心柔則柔，心剛則剛，這就具備了「大守」的條件。所謂：「大守不守，所以有守，小守力守，所以不守。」小守力守，就是身軀未能鬆透，僅是局部的放鬆，這是無濟於事的。

太極勁之為用，並非以強大的力道來克制對方之勢，而是要以曲制直。勁之發出越是曲折，其激盪之勢就越大。這勁來自於立體旋轉，不外吞吐（呼吸）、浮沉（體鬆）、左右（旋轉），以聚此多方之勁同時發出，故謂之曲力，或是浪勁。

推手在發勁時，所應具備之條件，如氣貫四梢、逆式呼吸，才能提放。自會陰穴處向上提，謂之「開襠」。皮層不下降，才能使會陰穴與百會穴上下相應。如果在發放時只是行順呼吸，則氣不能貫於四梢。由於順式呼吸時，必不能使腹部丹田放鬆，就無法提襠，發放時就不易掌握提放的技巧。太極的發放，必將對方雙足離地而彈出，所以要在呼吸時增加與內氣的配合。

99

所以在練拳時，均應以逆式呼吸為主。

臨敵時要有「畏我侮敵，畏敵侮我」之心態，不可不知。制人而不制於人者，心待之要；奪人而不奪於人者，心戰之機也。以體為用，以心為主；心主靜以為裡，體主動以為表，審其表裡，知所輕重了。

在太極拳推手時有二句秘訣，就是：「你上天，我上天；你下地，我下地。」其含意：對方仰來，則向高以引之，使其有高不可攀之感，因而失去重心；對方俯來，則愈向下引，使之有如臨深淵，搖搖欲墜之感；對方進擊，則愈引愈虛，使有長而不及之感；對方收時則黏逼，使有迫促感。置對手如站在圓的石頭上，致不敢向前，又不敢後退。但其間沾連黏隨，不丟不頂，純以感應，以用人之勢為己勢，因其來而與來，因其往而與往，不設形象，捨己從人。如順風而呼，聲不加而快；登高而望，目不加而明，所因便也。在其來往之間，能制則制，能捨則捨；在捨己而非捨己，在從人而不盡從人。

從人而不盡從人者，因其利也；捨己而非捨己，乘其便也。因其利，意不貪；乘其便，心得自主；則捨己從人，就是推手之戰略。

推手須知：剛不可太過，柔不使不及。剛以柔接，柔以剛用，剛柔相濟，陰陽相當。其圈圈可大可小，可高可低，可進可退，可順可逆，方圓不拘，曲直並行。彼以剛來，我以柔往；彼以柔來，全在稱量：以我手稱人之手，如稱稱物；以我心度人之心，量其上下遲速或半路變化機勢，渾身上下都是太極，即渾身上下都是拳，不得以拳目拳也。

（十）單鞭推手

步法：為一進一退，也可以連續進步或連續退步。

手法，為掤、搌、擠、按，稱為「四正手」，每四手推過一圈即 一進一退。進者為按、擠，退者為掤、搌。

推手時：甲如右（左）足在前，乙則左（右）足在前，使上肢兩手互推，下肢前足亦互相黏化，使手足同時練習得觸覺靈敏。凡進步的一方，前足踏在對方前足的內側，雙方前足互靠黏貼。

連續分解動作：（圖1-1～1-18）

1

1-1

1-2

1-3

1-4

1-5

1-6

1-7

1-8

1-9

1-10

1-11

1-12

1-13

1-14

1-15

1-16

1-17

1-18

彼有力,我亦有力,我力在先;彼無力,我亦無力,我意仍在先;不可有力,亦不可無力,折其中而已。

掤:由於身肢放長產生一種彈性(彈簧勁)。

凡是以意貫注於肢體的任何部分,旋轉般地向前引伸,都是掤勁的作用。掤是以右(左)手掤住對方雙按黏著點做軸心運動的旋轉,主宰於腰脊的軸心旋轉,採取纏絲螺旋式的划弧以走化,並採拿對方的手掌而引進,同時以(左)右手尺骨處輕攦對方右(左)手上臂而引進,採、攦合一,在使對方立身不穩而身漸後坐,同時收胯、轉腰、塌襠,後足漸變為實,前足漸變為虛。

掤的示範動作:(圖1-1~1-4)

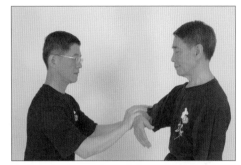

1-2

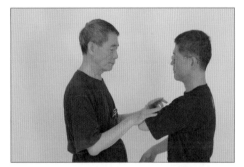

1-3

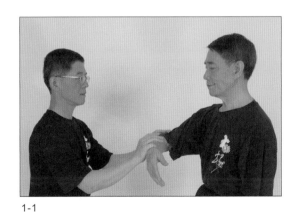

1-1

1-4

履：履勁也是在身肢放長的條件下產生的。

當身肢運轉向左或向右，並做逆纏絲的螺旋時，即產生履勁。由於螺旋關係，擴大了接觸面，因而增大了磨擦作用。凡是以意貫注於肢體的任何部分，旋轉地向後或左或右地走化，都是履勁的作用。

履勁是掤勁的反面，在推手中，當對方雙按，經我掤化而不得勁後，即變為擠，再繼續進攻時，我仍漸漸划弧履回，引之近己身的左方或右方而化之，使其落空，履時坐實後腿，轉腰落胯，襠部下塌外輾。

履的示範動作：（圖1-1～1-3）

1-2

1-3

擠：掤，履為四正的主勁，按擠則為掤履的輔助勁。

有時掤勁的彈性不夠，為了避免發生匾病，採雙手交叉來加強掤勁，將雙臂合成如環形，在力學上名為合力，這樣就可以左右逢

1-1

源，虛實互變地發勁。當我雙按，為對方掤化攦引後，覺已不得勢，即變前手為屈肘，掌心斜向外下，或平圓前擠，或立圓前擠，後手貼於前手肘節之下，掌心向外，以助前手之勢。

擠的示範動作：（圖1-1～1-2）

1-1

1-2

按：按是以掌中心作軸心，用掌的四周旋轉壓迫以找尋對方的空虛，力爭上游，位在人手之上。這樣不但用處多範圍廣，且其地盤大，容易轉為四正的其他三勁，也較易轉為四隅的採、挒二勁。在推手中，按是以我雙掌按住對方的一臂，並轉換虛實於雙按之中，一手控制腕節，一手控制肘節，使對方不易活變和還擊，沉肩、垂肘、坐腕，虛虛籠住，不使拙力；長勁向前往對方身上輕輕按去，手中輕沉兼備。不但兩掌在互換虛實，忽隱忽現，單掌周圍也在息息變換虛實，掌心周圍旋轉於對方手臂之上；也就是不斷地移動力點，做無數前按的想像，逐漸逼使對方立身不穩，身漸前坐，前足為實。

按的示範動作：（圖1-1～1-4）

1-1

1-2

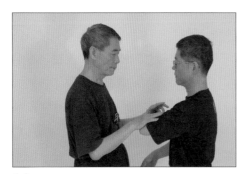
1-3

1-4

「彼不動，己不動；彼微動，我先動。」也就是《老子》說：「吾不敢為主而為客」（六十九章），先作客觀，不為主動，而敵主動矣，從其動而先之，以賓奪主之法也。因為「先者有形，待者無形」，有形，事之主；無形，事之賓，先客觀以為察（彼微動，機也，隙也），爭主動以為用。

如何掤攦擠按？

周而復始，相接相連，未有間斷，由此可悟出損益相因之道。損者，損其剛躁之有餘；益者，益其柔弱之不足。要剛不使太過，柔不使不及。就是要做到剛以柔接，柔以剛用，剛柔相濟，陰陽相當，可大可小，可高可低，可進可退，可順可逆，方圓不拘，曲直並行。雖然捨己從人，心還是由己；捨己而非捨己，從人而不盡從人。

變化活用

練太極要有變化，不能只守著一勢、一手、一著。要求變而能化，先則簡單而漸至詳密。一開一合，手之變也；身法步法，旋轉緊湊，這是方向之變。一勢之變，開始時似乎有界，久練純熟，也自然豁然貫通，隨心所欲。當動作慢時，不宜痴呆，快不可錯亂，快後又回到緩慢，這就是柔。柔久則剛在其中，才能漸漸到剛柔相濟。學問再高，不能

以自己的身心去體驗，書讀得再多，知識再豐富，如果不能運用於平時日用之中，還是沒有益處的。

二、舞者的身體與思想引導

身體的外在部分有「形」有「態」：先談外形的部分，我們常說形體就好似一個「物體」，物體有左有右、有上有下、有前有後、有曲有直；而支撐其間者，我們稱之為重心。重心要能不偏失，找到身體的中心點，使身體能左、右、上、下、前、後、曲、直的自由運動，在於氣沉丹田並且要訓練身體的各部位保持彈性活動。身體的能力即是「鬆」的身體概念，要能達到身體透徹「鬆」的概念，除了專注於身體動作的練習與體悟外，還包含了思想上的「鬆」。

再談談身體外在「態」的部份：我們常說「姿態」，姿勢的變化造成形態之轉變。這變化包含了轉、運、退、讓、迫，奔趨、騰挪，旋腕、坐腕、突掌、舒指、拉弓等動作。而這些動作之所以能進行轉化或完成，其間必仰賴身體重心的支應，方能發揮動作並使其變化。而中心的確立，可使動作在運行過程中，明確扎實、不偏差的實際地完成。何謂中心？胯也、足也、腰也、脊也，上自百會，中經腰胯，下及湧泉，中線直垂，無有偏倚，是謂中心。而重心聯繫著身體各中心部分，並相互牽引支應著。藉著不同意圖與狀態，運用於各種動態中，雖有橫豎顛倒，立坐臥挺，前俯後仰，奇正相生，迴旋敧側，攢躍皆中，千變萬化，難繪其形。而在動作轉換中依著重心的支持，身體中心線可隨機均分，或調整、或靈活排列組合；不論如何變化，皆能自由運作卻不失重心。重心不失則身體穩固，身體穩固則施行動作時不須過分費力，卻能顯現出動作的能量散發，或快、或慢、或強、或弱、或輕、或重、或交互重疊等動作，皆可隨機、隨意、隨形、隨物而發揮，需剛強時可剛強，要輕柔時亦能輕柔。充分展現出動作不同的質感與性格，此乃身體之中心概念。

舞者的訓練，常著重於外在之訓練，而忽略了內在身體思想內涵的引導。外在形體的表現，只是動作中的最末環要求。而動作的根本

在於由內而外的理解：理解動作的本質，由內而外發揮出動作的精神，心中明確知道為何而做，如何做，往哪做，真心實意地做。若僅執著於外在的形態，忽略了動作的本質，就會失去了根源。或許達到技術層面的要求，但動作缺乏生命力，更談不上藝術性，只能稱得上是個比手劃腳的舞動者罷了。如此之捨本逐末、避重就輕，即與根本漸行漸遠，動作之表現就只是虛無飄浮、華而不實。

修心的道理，在於專一；專一方能氣定，

不妄大、不渙散。心定而後能靜，心靜後能心安，而後方有心智思考，有了思想而能傳輸於身體的各個部分使其順心運作。一動一法，皆來自於心念，思其守之所以守，攻之所以攻，重心之所以安，發之所主一心。氣如何馭之？神如何調之？內勁沛然暢達，專則誠，誠則信，信則堅決，堅決則能主宰。能主宰者，役萬體，猶驅一肢；運萬法，如用一法。此乃身心合一，內外合一之身體文化的體現。

譬如善寫書法者，如行書即於字布白揖讓之道，貞慮所得，振筆直書；意所欲者，筆自舒卷縱橫，腕指相輔，不必著意，此專誠能宰，筆合於心耳。何止於書法，舞蹈亦然，實則心藝表裡如一，皆非偶然也。

三、太極導引的層次及功能

(一) 更深層的沉肩墜肘

二十年前的一段漫長歲月，對沉肩墜肘的動作，總是疑惑不已。當練習時也曾依老師的指示，雖然做到鬆肩，不過總是限於肩頭部分的鬆沉。如果我稍將肩頭的動作略為提高，則常被老師立即糾正，說我的肩不沉、不鬆，違反了太極拳的道理。

二十年後，我將太極拳的「拳」字剔除，而首創「太極導引」，就是因為聯想到太極原本就是大自然的現象。如果我在意識與動作中加了一個「拳」字，顧名思義，「拳」是向對方擊去。這「拳」字就會影響我的用點拙力，而無法將意識徹底地放鬆。

試著以太極導引的動作—旋腕轉臂，將肩頭部分的空間，延伸到前面的鎖骨與後面的肩胛骨，再延伸到兩側的少陽經穴處，最後逐步到全身。這和我要將木框除去、「拳」字除去的道理相同，漸次地解決了我對沉肩墜肘的疑惑，終而走出「太極無拳」的框框，進而符合了古人所謂「天人合一」的理念。

(二) 突掌更深層的運用

旋腕、坐腕沖開氣口，比較能感受到它的用意；但突掌也許就輕輕的帶過，其實同樣的重要。

它是旋腕轉臂的第二個動作，是以斜形向

外，將手指的關節伸張，但必須借斜形角度沖開勞宮與少府二穴位，使之放空；配合橐籥真空的原理，使全身穴位，同步數的開合，可輸送氧到更深層的組織細胞，這是最重要的。

太極導引漸漸進步而不知在進步，才是真正的進步。到了較高的層次，其思維是開放的、自然的、自由的，逐漸突破原有的障礙。對於所有的疑問漸漸的撥雲見天；如果還存在任何疑問，仍然被困住，就還要繼續不斷的澄清！

練太極導引時所有的骨節、骨骼都有鬆

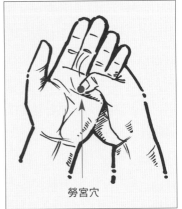

勞宮穴　　　　少府穴

開，且不是僅僅鬆開而已，而是漸漸深入到全身的微血管及細胞裡，這完全需要慢、勻、均、清的動作配合。最難者在此，最容易者也在此。呂祖有云：「養氣忘言守，降心為不

突掌動作：

為」，這都是有無之間自然的運用，僅是一片虛空而已。

以這樣的心境來練太極導引、太極拳，其架式令人感到溫溫然而已，粗糙的動作已是轉化於無形無相了，這就是呂祖所謂：「練靈根，堅髓骨」的內功。

（三）引體旋轉之更深練習

旋轉的動作，旋轉的幅度，常因隨個人的層次而提高。其幅度愈深，激盪之勢就愈大，才能使你的身軀靈敏。當你動作快時，瞬間即可表現雷霆萬鈞之勢的自然反應。平時運轉時，你必須多讓四梢旋轉（指手指、腳趾），逐漸延伸到每一經絡、每一細胞。當進入「勁斷意不斷，意斷神可接」之妙境時，你才能感覺到周身一家，一動無有不動，其旋轉時有如螺絲形，運於肌膚之上，平時若能常練習此勁，則一與人接觸，自然此勁行於肌膚之上，有人我相參的感覺。

如何才能達到這種層次？必須全身放鬆，到虛，到無。虛無的境界，其現象有如「遠程促時」，激發生浪如大海然，故稱之為浪勁、

內勁。在這種過程中是自然的、平常的，並不是強為的，但必須執著並鍥而不捨，以求其虛、無、空。

但其中卻有「空而不空」、「不空而空」，就是老子所謂：「虛而不屈，動而愈出」，虛而不屈就是「不空而空」；動而愈出就是「空而不空」。因而悟到潛在的能量形成，乃是「不知其備而已蓄，不意其至而已達」的自然境界。若要到這種虛無的境界，應如何依序去執行？必須先由骨節、骨絡做導引，以達到更深層的骨髓。這種細微的按摩必然產生聲響，先有其聲，到聲無其聲，只有沉寂。這種現象有間斷，間斷後會再出現，即學理所謂「高原」。其中有大引、小引，這就是「遠程促時」的戰略觀念。譬如飛機劃破天空而激起的風潮，又如大海船隻加速行駛，這種虛空，其力量是無限的，莫可測的。所謂天下之力有二，「莫大於聚，莫測於虛」也。

（四）身體的排毒功法

經濟繁榮帶來了過度的享樂，現代人日常生活不合乎衛生、養生，又不喜歡運動。你勸

他運動，他寧願去患富貴病，一旦病上了身，醫生囑咐，必須多運動，便在短時間想以躁動、快速的方式，奢想得到奇效。有些商人就靠這種心理大發利市。其實運動是要逐漸加量，並循序提高質的難度，由淺而深，由外而內。我稱之為「身體環保」。

首先，以腹部、大腿處下手，因此處早已日積月累成「垃圾場」，漸漸逼到黃庭宮，把心臟就「懸掛在牆壁上」，呼吸、心跳就變急迫了，我藉著腹部（丹田）呼吸轉動，逐漸深入延伸，使大腸小腸均得自我按摩，自然就會打嗝、排氣，將累積的汙穢毒素轉化。甚且將黃庭宮的空間不斷擴大，可藉含胸拔背的要領將黃庭宮支撐起來，讓心臟找不到著力點，一片空虛，讓空氣自然流暢。

接下來要在全身開闢「高速公路」，憑著的是兩隻手臂深入細微的旋轉變化，每一轉都會帶動脊椎旋轉，而掛在脊椎骨的五臟六腑，因微細的旋轉而得到自我按摩，其功能也就慢慢靈活增強了。

接著再由踝、膝、胯，逐漸由下而上，或由上而下，延伸到腰際的深處，前後亦旋到會

陰穴及膀胱經，慢慢地以靜中觸動，或是動中觸靜，這種慢正如植物的生長，勿忘勿助，任其自然，吸收氧氣，漸漸帶進腎臟、膀胱，其功能自然加強了，污染的毒素也無處容身。孟子說「善養浩然之氣」，不但要養，更要累積，等兵員（精神）充足了，便能以心為令，氣為旗，腰為纛，去攻尾閭關這座城牆了－因

為它是通全國（全身）的要道。必須「攻下」尾閭、夾脊、玉枕這三關，在這攻擊的過程自會發出聲音震盪的現象。正如自然界：「風在林裡嘯，雷從雲中轟；似無還真有，總是氣成聲。」平時「全國皆兵」，這是「柔行氣」；一旦發現體內某處有病變，立刻就調兵追趕到，這是「剛落點」。

到這階段浩然之氣已轉化為「神」的力量，這神好比寶劍在匣，光芒燭斗；明珠在懷，彩耀四座。

（五）層次與功能

太極導引的潛能是多層次的。怎麼說它是多層次的呢？因為在導引的動作裡，有慢的動作、快的動作，還有快慢相間的動作。一開始的慢，乃是為了鬆開身體每個部分的關節。一旦身體達到第一個層次的鬆軟，身體每個部分的關節鬆開，動作自然也就可以愈來愈快。

此外，除了藉「引體」的動作來鬆開筋骨，再配合「導氣」的動作，逐漸地培養深厚的內勁。在這培育的過程，既不要預測，也不要刻意追求，這個道理可以比擬古人所說的

「有心求柔，無意成剛。」我們只要一心求柔，在這修鍊的過程中，自然培育深厚的內勁而不自知。

另外，須加強氣功的鍛鍊動作才會增加自然的變化，深度的變化；還有關於靈活度的增強，則必須加強湧泉穴及腰隙深層倒換的調整，因而減少外在的動作，增加內在的鼓盪。而增強潛意識部分，在潛意識的深層，加強虛無的空間，悟到：「至虛而含至實，至無而含至有，虛為實之基，實為虛之驗。」

也就是：

始於有作無人見

（君子欲有所樹立，必在不妄求人知始）

及至無為眾始知

（從有為至無為，眾人終可感受到）

但見無為為要妙

（即老子描述的眾妙之門）

豈知有作是堅基

（執一而鍥，登高而趨，峰可幾也）

就是在這有為、無為之中，正是各有其時節，各有其作用，即以這些思維融入「大藝無象」。

體悟「空」、「虛」最高層的境界

修練太極導引的過程，最高層的境界是要能夠去體悟「空」、「虛」的道理，從這個道理中，我們去體會這種無形狀物所蓄積的強大能量。這個能量從外在可至大關節、小關節，從內可至肌膚層，乃至於肌膚層以內的經絡、氣血。而這般的內氣運行無所不通，無所不在，它更是培育各項運動的基礎。譬如說高爾夫球、保齡球、射擊等運動，都可以藉由修練太極導引而發揮無限的潛能。

再來，我們談到太極導引的功能，一來它可以培養身心，變化剛強躁進，不能等待的個性，而這些正是年輕人常犯的毛病；二來它可以改變中年人的體質，使人的免疫力提升；三來它將原本蘊藏歷代祖先的智慧，轉化為動作的實踐，將這些訊息展現為人所用。

太極導引不僅是養身之道，更是在人格修為上重要的方針。它使人心存善性，在修身鍛性後讓人思維沉靜，增加智慧與仁慈之心。因為太極導引重視善養而後積、積而後充、充而後能合百體，能合百體，故能發揮大用。

四、從形而下到形而上——《道德經》上之體認

(一) 太極導引之形而下的鍛鍊

第一階段，我將「太極導引」定位為形而下的肢體運動，也是進入丹道的初階。藉著觀天道之運行，將身軀動作分為「旋腕轉臂」、「旋腰轉脊」、「旋踝轉胯」，以及丹田內轉與氣沉丹田等動作，牽引達到全身經絡臟腑的暢通，以便由形而下的初階，能昇華到形而上的層次。

(二) 太極導引之形而上的體證

第二階段，形而上的丹道思維，也提出幾點印證：

1. 天下之道，生於無著。無著渾然，故無邊隅，蕩蕩然若虛，惟虛為實始，實以心生，心生道立，道立體成。所以心不可棄，棄心道毀，獨留體屍耳。

引用《道德經‧第二十一章》：

道之為物，惟恍惟惚。惚兮恍兮，其中有象；恍兮惚兮，其中有物。窈兮冥兮，其中有

精；其精甚真，其中有信。

太極導引之導氣「守一」，就是從此思悟渾然一氣，恍惚似有，有而非有，無而非無，就是感悟到此恍恍惚惚、杳杳冥冥之中，自有不可視聽之微妙的運化功能；就是無質而能生質，也就是至虛而含至實，至無而含至有。這是實實在在的驗證，是可相信而不必懷疑的事實。

2. 大道不跡，其德常新，大藝無象，其法常在。何以知其常在？雖外不有象，內仍有心，心在技在，以心作相。何以知其心在？心為百體之君，百體用技，惟命於心。百體雖未用技，惟心中凜然以臨之，溫然而處之。心君既動，體雖未事於法，惟技已在矣。技在心在，消息繫於心君（如同太極以意練意）。

3. 引《參同契》三則來印證太極引體的纏絲勁：「易行周流，屈伸反復」，「幽潛淪匿，變化於中，包囊萬物，為道紀綱」，「以無制有，器用者空。」（「屈伸反復」，即一陰一陽之纏絲勁，纏絲者，運氣之法門也）

4. 以張三丰之《無根樹》來印證煉功之過程實證：

(1)「無根樹，花正幽，貪戀榮華誰肯休？浮生事，苦海舟，蕩去飄來不自由。無岸無邊難泊繫，常在魚龍險處游。肯回頭，是岸頭，莫待風波壞了舟。」

(2)「無根樹，花正危，樹老重新接嫩枝。梅寄柳，桑接梨，傳與修真作樣兒。自古神仙栽接法，人老原來有藥醫。訪明師，問方兒，下手速修猶太遲。」

(3)「無根樹，花正孤，借問陰陽得類無？雌雞卵，難抱雛，背了陰陽造化爐。女子無夫為怨女，男子無妻是曠夫。嘆迷徒，太模糊，靜坐孤修氣轉枯。」

(4) 舞碼《水月》即法「無根樹，花正高，海浪滔天月弄潮。」

(5)「無根樹，花正香，鉛鼎溫溫現寶光。金橋上，望曲江，月裡分明見太陽。吞服烏肝並兔髓，換盡塵埃舊肚腸。名利場，恩愛鄉，再不回頭空自忙。」

（三）太極拳與太極導引之特質

太極導引、太極拳是內家？外家？何謂內家？何謂外家？

外家重煉筋骨，運氣血，其功在運陰中之
陽。陰，血液也，主動，其象在外。太極則屬
於內家，內家重煉心意，行氣髓，其功在運陰
中之陰，髓就是陰中之陰也。從其陰深，潛氣
運轉，以浮陽不動，潛陰始流，所以主靜，其
象在內。

（四）「道法自然」說

天地之間，宇宙之表，無具大小，均維於
道。古今往來，歷劫不盡，而於道一也。道以
自然而存，物以失自然而變，得自然相生而
繁，自然相剋而化。

故金石不足堅，松柏不足壽，海洋不足
汛，山嶽不足重，風氣不足虛，日月不足明，
天不足高，地不足厚，原子細胞不足微。因為
耳可以聽，目可以視，耳目所及，即可以言，
即可以思，以其有象也。其不可言、不可思，
渾渾然、渺渺然而無所不盈者，就是道。以其
自然而然，不必著，而無不著；不必無著，而
無所著，故以言論道，去道矣；以思試道，遠
道矣。

蓋道非不可言，可言非道；道非不可思，
可思非道。道在不可言不可思之中，可言、可
思之域，以其無質，耳不足以聽，目不足以
視，而其附物，如影隨形。也就是陰不離陽，
陽不離陰，渾然一氣。物之生死無非命，而亦
無非天；事之成敗無非天，亦無非命。然司其
天、其命者，惟造化。造化無端，齊一於物，
如天地之載於道也，如星辰之在空；人物之載
於道也，如草木之著於土，魚蝦之居於水，不
知其空，不知其土，不知其水，雍雍然以得自
然也。自然者，道之統也。

（五）結語

真道若淺，真理若平；道淺而不可極，理
平而不可盡。猶天易見而不可測，海易涉而不
可量。惟極平淺，所以物在道而不自知。莊子
也說：大道不稱，大辯不言。蓋以道本無名，
有何可稱？道本無形，有何可言？然世有稱道
者，有言道者；一自有稱，則是非混雜；一自
有言，則邪正相爭矣。所以「道法自然」，自
然者，道之體也。道之體，放之六合而不能
盈；收之一原子之藏而不足，是以無小大之別
也。心為道根，則道實心也。

五、練功注意事項

拳，肢手體也。術，搏擊心也。拳術始於肢手，終於內心。肢手不明，動作無則，是謂無體。

雖有用，不得其輔，不全其功，搏擊失著，趨舍無度，是謂無用；雖有體，不得其法，亦不得其功，是故人皆知採其精華。酒之醇也，但其出，實資於糟粕。不從其本，以求其末；不求其始，以求其終，非所以語於酒，即不及於拳術矣。

(一) 如何正確心態學太極？

我由於長久教練太極拳所累積的一些經驗，感受到學生練太極的心態有些不正確的現象，略記一二如下：

1. 有的學生今日學太極，明日就去學外家拳；有的早上跟李師，晚上就教於王師。

2. 有些練習一段時間後，好像有些幻景、假象，以為這是有了效驗，而感到喜悅。

3. 有的學生已真正遇到了好老師，但卻沒有長久的練功念頭，忽來忽去。

會發生以上的原因，是因為沒有了主宰，即中心思想，心性總是虛懸不實，僅僅虛度歲月而已。但要如何學得踏實而有主宰呢？首要先窮究拳理，念茲在茲，日夜用心，鑽研實義，嘗探趣味，不拘年月，愈久愈力；確有所得之後，自然內心會有主宰，猛勇向前，而智慧愈開了。

智慧的人知道運用讀書，讀書是為了權衡思維。有些書可以淺嚐而止，有些書可以囫圇吞下，有些書，卻須要咀嚼消化。一旦決定要學好太極拳，必須勤學苦練，更要悟出其深奧之理，就是要加強心的培養。因為心為一身之主，千言萬語都不如清心寡慾之重要。

(二) 避免揠苗助長的動作

練習太極導引，進行中之動作最好不要超越自然的規則。尤其老年人，他的新陳代謝率已降低，運動量一旦超過，即感到不適因而畏懼。回到運動前之思維，太極之理本來就是循天機自然之運行，陰陽自然之調適，如果你一定強加為之，則心就不能順其自然，呼吸必自

然不均勻。自然與自然之間要順其微妙沖和之效，也就是要順其自然之進步，而感覺不到進步；如一棵樹之成長，日不見長，月有所增，這才是真正的進步。

　　以旋腕轉臂而言，因為旋轉，就必須牽引到深層的軟骨組織的細胞；初動時它是很虛弱的，因為你日常生活中的動作，多是直來直往的動作，突然之間你改變為強烈的旋轉，軟骨部分立即受傷。等到此傷治癒後再來運動，就會興趣銳減，這是因為躁進強而為之的結果。如果相反為之，依循自然規則不斷的練習，融入生活之中去練習，你在無形中漸漸獲得進步，而深深感覺到體質大有改進，就自然走向欲罷不能的習慣了，就能如《道德經》所言：「綿綿若存，用之不勤」。

（三）正確的動作

　　1. 鬆腰坐胯，腰以上氣往上行，以下氣往下行，似上下相悖，其實一氣貫通。腰要虛靈，則上下皆能虛靈，才能培養剛中之氣。

鬆腰坐胯動作：（圖1）

1

　　2. 兩大腿根在開襠。不會開襠者,腿雖岔三尺寬,不開仍然不開,要細心參悟。腎囊兩旁謂之襠,要圓、要虛,不可夾住。襠圓則穩,所謂「無圈不成招」就是這個道理。開襠,或由內向外,或前或後,必使勁靈活如一點,並不用很大,僅一點即可。

開襠正確動作:(圖2-1～2-2)

　　3. 襠要圓、虛,不可岔如人字形。

錯誤的人字形動作:(圖3-1～3-2),上身不可後仰(圖3-3)。

　　4. 手足運動,不外一圈,絕無直來直往。

　　5. 胸隔的橫氣要卸到腳底:吐、呼。

　　6. 一點靈氣從心起,上入青天下入地,此氣行於手足中,不剛不柔自雍容。

2-1

2-2

3

錯誤的人字形動作：

3-1

3-2

3-3

（四）恩生於害

《陰符經》有云：「恩生於害」，本人實有更深切的感受。

由於早年車禍給我帶來了冥想的空間，才啟動我運用纏絲勁，創造出太極導引中的「旋腕轉臂」的無限延伸。

那是民國53年的事。一天晚上與同學過馬路時，被當時美軍顧問團的一輛救護車撞倒，

一瞬間整個身體飛墜於馬路上，不停地抽搐顫抖，同學旋即將我送到中山北路的馬偕醫院。但當時該院竟然拒收，於是又轉送到陸軍總醫院。當醒來後得知，經X光透視，右腰嚴重內傷，醫生謂有殘廢之虞。自此以後總是腰部疼痛難忍，每當疼痛難以忍受時，我就帶著X光照片去找醫師治療，而醫師總是告知說照片上已經顯示是殘廢，叫我不用再懷疑。

此後，每當獨坐時，尤其感到脊椎與右腰難忍疼痛。後來為了舒緩疼痛，我嘗試以手攀援較高的支柱，將身體拉長延伸或吊起來，便會感覺比較舒適。所以以後便經常性使用這個不自主的拉長身軀的動作，而漸漸轉變成為旋腕轉臂的動作，也就是不斷向外延伸的動作。當做這個動作時我同時也感受到內在空間也不斷擴大，經脈的韌性也增加了，後來繼續發現更細密的動作，甚至微血管也感到有氣灌注的現象，也因此成就我對「旋腕轉臂」理論的根據。

（五）唾液對健康的作用

練太極特別強調要慢、要均，要「勁斷意不斷，意斷神可接。」有時要慢到如同植物的生長，動靜合一。如果要刻意加快，超過它成長，就如同揠苗助長，所以要練到真正的放鬆，真正的靜，去妄存誠，持之以恆。漸漸的喉頭自然產生唾液，這唾液的作用非常大，古人稱為玉液、瓊漿、醍醐、甘露等；如能體悟到這緩慢的動，深層的意涵，這對中老年人的內分泌系統有非常好的調和沖氣的作用，對代

謝免疫和衰老的過程，也有重大的影響。張三丰有云：「這仙方，返魂漿，起死回生是藥王。」

太極導引之動作，由於綜合陳氏、郝氏、楊氏拳裡的精華，在無形與有形之間，作極細密而自然的調和，默默的去實踐。如：意氣君來骨肉臣，意氣均來骨肉沉，以及緩慢、柔和、連貫、呼吸等層級，主要是使人體內周圍血液中免疫細胞的增加，及活性加強。自然對一個人的健康，有意想不到的功效。

六、太極導引進階解析

太極導引的動作，就是導氣與引體。在初階段練習時，需導氣、引體分開練習；至運動量漸漸深入到各處的關節、肌膚，達到蕩然若虛之境界時，則可漸漸將導氣、引體歸到引體即是導氣，導氣即是引體，二而一的層次，即已自然進階到形而上的哲理思維了；也就是《拳經》所謂「纏絲者，運氣之法門也」。動作的過程也可分為初階段：「有心求柔，無意求剛」時期；逐漸到「柔行氣，剛落點」，「心

柔則柔，心剛則剛」時期，再到太極拳的精華處：「以意練意，以氣練氣」，「虛靈具一心，萬象藏五蘊」，陰而陽，陽而陰，動即靜，靜即動時期。而這時就是已昇華到「道」的層次，不必著而無不著，不必無著而無所著了。

（一）啟動氣機密碼

氣於中華文化中，極具特色，極具重要性。此抽象之氣，幾乎無所不在，且有呼之欲出之勢。

天有天氣，地有地氣，「空」之中流動有空氣，山河大地氤氳有靈氣，人的一生有運氣，而人之生命由吸進第一口氣開始，到最後一口氣上不來時，生命便告結束。

氣，存在於宇宙萬物之中，亦充滿在「空」之中，有形無形皆有氣。氣為養生家所重視，養生家云：「內練一口氣」。傳統醫學對氣尤為重視，《難經》云：「氣者，人之根本也」。

人體內，分陰陽氣血、營氣、衛氣。營者血也，衛者氣也。進一步細分，則有宗氣、原氣、水穀之氣，腎間動氣等。五臟六腑亦各有氣，心氣、肺氣、肝氣、腎氣、脾胃之氣等。

人之氣血，行於十二經脈，而周流全身，營養五臟，濡潤筋骨肌肉關節。

氣雖無形，而氣為血帥，血有氣方能運行，氣為 Energy，為動能，為推動血之運行。是以有形的血固然重要，無形之氣更不容忽視。

練氣猶如學習繪畫、雕刻，是有竅門的。氣，無形無象，難以捉摸，而於傳統醫學典籍中卻有跡可循。

《內經・靈樞篇》有云：「胃者，水穀之海，六府之大源也，五味入口，藏於胃，以養五藏之氣，而變見於氣口」。又云：「脈會太淵」，「氣口成寸，以決死生」。

《難經》亦云：「尺寸者，脈之大要會也」，而於經脈運行又云：「經脈者，行血氣，通陰陽，其始於中焦，注手太陰（肺經）陽明，陽明注足陽明太陰，少陽注足少陽厥陰，厥陰復注手太陰。」

綜合《內經》、《難經》所云：

1. 人之營衛氣血由中焦開始，胃運化水穀，注於手太陰肺經，行於十二經脈，以營養五臟六腑，進行全身機體之正常功能。

2. 五臟六腑之氣，變見於氣口，是以氣口寸關尺為傳統醫學診得五臟六腑疾病重要點之一。（如附圖一）

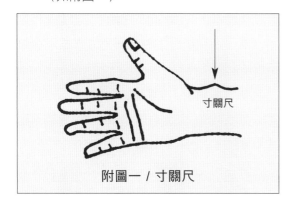

附圖一／寸關尺

3. 脈會於太淵，太淵為手太陰肺經母穴，十二經脈運行起於肺經（如附圖二），周流全身，循環生生不息。手太陰肺為百脈流注。溯本追源，百脈流注，氣機源頭顯現！

太極導引引體第一式，旋腕轉臂一動，即

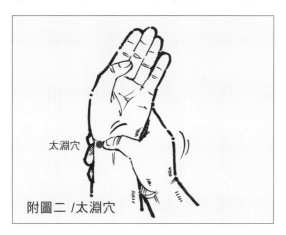

附圖二／太淵穴

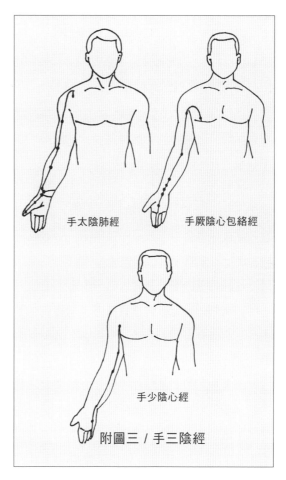

手太陰肺經　手厥陰心包絡經

手少陰心經

附圖三／手三陰經

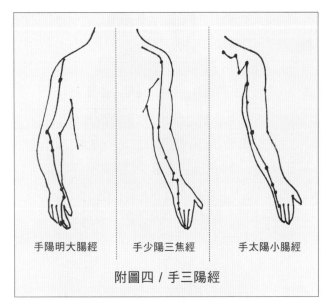

手陽明大腸經	手少陽三焦經	手太陽小腸經

附圖四 / 手三陽經

啟動氣機密碼！手三陰經（如附圖三），手三陽經（如附圖四），氣機一動而全動。

（二）談形、氣、神

古人對形、氣、神三者有這樣的描述：形者，生之舍也；氣者，生之充也；神者，生之制也。三者不可分離。

形：比方我們的房屋，地基必須穩固，室內必須空氣流暢。但要如何達到？就是要求住在房屋內的主人，需要具備多方面的條件。這位主人的名字，叫「神」。這神是經過歷練而來的，它是經過練精化氣、練氣化神、練神還虛的過程融化一體的。

氣：是借後天養先天，以先天化後天，相互調和，以達到中和之氣，用來充實這房屋內的空間，以及自然流通室內與室外的氣。這氣就是要直養而無害。直養也就是順其自然，是不可加以阻撓的；如果受到了阻撓，則其氣激；又不可屈，屈則氣結，結則鬱，久鬱則身體就會受傷了。

神：神是虛懸於空間，而附於形體的實質上。它是經過修持累積而來的。在《太極拳經》裡有這樣的描述：「神穆穆，貌皇皇，氣象混淪，虛靈俱一心，萬象藏五蘊」，是陰而陽，陽而陰，造化所產生的無質之質，它是不可獨立而存的。它是虛附於實，實形於虛的相互關係。

當我們了解了這些道理，進而落實印證在我們生活之中，就是要將身心放鬆，心平氣和，凝神靜養，使三者一體，神而明之。用之則行，舍之則藏，無自失之患也。形之於神，猶刀之於利；未聞刀歿而利存，又豈容形亡而神在？

綜合以上分析形、氣、神三者之間的關係，相信大家應會有進一步的體悟了。

（三）分虛實

分虛實是太極拳的要領之一。在初階段的虛實，一般認為全身的重量落在右腿，則右腿為實，左腿為虛；全身的重量落在左腿，則左腿為實，右腿為虛。這層次的虛實，僅是觸及表層的虛實。

就整體虛實而言，在練習過程中，漸漸可由大虛大實，循序到小虛小實；至高層次時，有虛實不見虛實了。也就是大圈圈到小圈圈，到外形沒有圈圈時，這功夫已到登峰造極了。但必須經過艱苦鍛鍊的過程，才能達到這種深層的階段。

惟虛為實始：多數人運動的方式，總是圍繞直來直往的習性，人體內長久以來儲積了多少的脂肪、膽固醇等等的廢料，藉由這樣的運動方式，是不容易排除的。而太極導引的引體動作卻能做到。比如旋腕轉臂、旋腰轉脊、旋踝轉胯等等動作，也就是太極拳所謂的「纏絲勁」。它是以螺絲的形狀旋絞，由淺而深，由外而內。在這運轉的過程中，除了將身體放鬆

了，又可增加內部骨節中的軟骨組織，韌性也隨之增強。這種所謂的彈性和韌性，在太極拳稱之為「掤勁」。這種勁道如果一旦遇到襲擊時，即有本能的回擊反應；在接觸的黏著點自然會轉化對方直來的力量，這就是掤的作用。而這掤勁是隱藏在人身體的任何部分。《拳經》有云：「一處有一處的虛實，處處總此一虛實」。在這虛實之反應可以以「神而明之」來形容非常恰當。也就是太極拳的形容：「人不知我，我獨知人」。

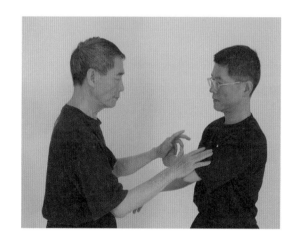

（四）談纏絲

太極拳，即纏絲法也。進纏、退纏、左右

纏、上下纏、裡外纏、大小纏、順逆纏、即引
即纏、即進即纏。

　　不能各式各著,不能貫串。陰陽,互為其
根也。渾身都是纏絲。裡纏外纏,隨動而發。
有左手前,右手後;右手前,左手後;有左裡
合,右背合;亦有用反背勁而往背面合;各因
其勢之如何,而以自然運之。其勁皆發於心
內,入於骨縫,天地間未有一往而不返者,亦
未嘗有直而無曲者。

　　物有對待,勢有迴還,古今不易之理也。

(五) 談百會

　　我經常說:「練太極拳時要上下一條線,

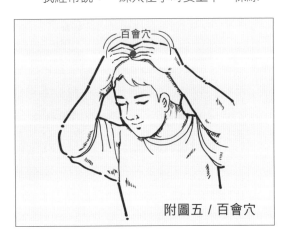

附圖五 / 百會穴

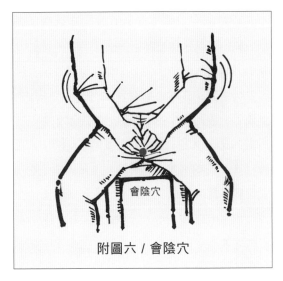

附圖六 / 會陰穴

就是百會穴與會陰穴虛虛相對,感而遂通。」
在此再加以說明。

　　百會穴就是指泥丸,也是上丹,位頭頂
中,也就是腦,是我們練太極拳最重要的關
鍵。在行功時用周天火候,後升前降;升到泥
丸終,降自泥丸始。這就是「還精補腦」。因
為腦髓極精極靈,由元氣生化,若腦髓虧損,
不是物質直接所能補足;惟有陰陽升降之機,
化生靈質,日積月累,方可使腦髓漸充,甚至
比未練太極拳時更好,智慧也可提升。

　　泥丸一部有四方四隅,並中央有九位,皆

神之所寄，而當中方圓一寸處，乃百神之總會。練功不必他求，存思此處，可享無窮的好處。因為腦為人身之主宰，腦部屬陰性，宜靜不宜動，靜則安，動則傷，本於老子「守雌」之義。（如附圖五、六 / 百會穴與會陰穴）

（六）沖開「死角」

要把深藏在軀內的幾處「死角」沖開，有賴於「致虛靜篤」所產生的「先天氣」諧震累積的內氣，才能逐漸沖開這些「死角」的相關部位：

1. 膏肓：由於膏肓的外層原就有重重堅固的骨骼包圍著，以一般的運動方式確實不易攻破這深層的內部組織，若僅外表的直來直往，跳躍式的運動，沒有配合陰陽轉化的原理，中醫的經驗說：已病入膏肓，就是形容藥物也無法攻進這死角部位，只好放棄治療了。（如附圖七 / 膏肓位置）

而「太極導引」的動作，即以左旋右轉純螺絲形，凡分三階段進逼：第一階段僅能達到神經系統，是由外引內的動作；第二階段是將經絡系統延伸到肌膚層的中間，所謂經絡穴

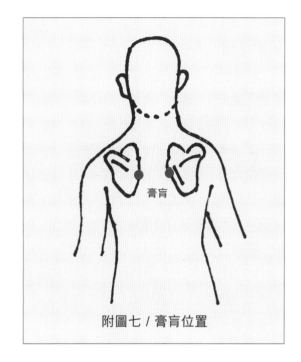

附圖七 / 膏肓位置

位；第三階段則已進入臟腑系統，這階段的動作已呈現「天人合一」（內外而一），是由內而外，也可以內外合一，純以意念導引，即內家拳所謂「行陰中之陰」（陰，髓也）。這種執一而鍥，登階而趨的程序，能摧毀這層層身體內部的障礙，也是人以量變而質變的戰術運用，如此必將瓦解這個「死角」。

2. 肩節：平常一般的運動方式，往往只能

運動到肩頭部位，而不易向內延伸，即前面的鎖骨，後面的肩胛骨。此處深層的骨節將它移位，將手臂延長約15公分，其間隙可容納四指伸進去的空間，也是《拳經》所謂的「舒筋活節」到「接骨兜榫」的深層部位。

3. 腕節：以腕節為起點，初段的旋轉只是手腕的關節，未能延伸到勞宮及少府周遭的骨骼，以及深層肌膚的微血管經絡穴位，使腕節的延伸向虛空中發揮，也就是先師所謂的「無功功裡施功，無影山上擊虛空」戰術了。

4. 踝節：由於此處軟骨組織的韌性較弱，平時就不能以單足承受全身的重量。因為旋轉時尚未及於腳趾的小骨節，也就是由湧泉穴的周圍再循小腿而膝蓋旋轉而上，以形成整個身軀的螺絲形狀。這個螺絲必然是半徑的，有彈性的，此即太極拳的術語「掤勁」。

5. 膝節：膝蓋說我有三兄弟，我是老大，我的名字叫委中，還有委陽在我的外圍，陰谷在我的內側，我知道我的責任重大，住、行、立、站均是我主導；平時陰谷、委陽無所事事，從今起我希望他倆也來參加我所主導的功能，以高姿、而中姿、而低姿的階段訓練，目的是使他們的功能與我平分，而減輕我的負擔，只要我們三兄弟團結，則整個身軀自然更健康起來了。但要如何結合？就是要不斷增加「雙併旋轉」的幅度，而不再是直來直往。

6. 黃庭：由於弧線升降的動作藉著丹田內轉，氣沈丹田的波浪形的推動將腹部、胸部及大椎骨等內部原存的廢料，一一清除，漸次轉化。

附圖八／黃庭位置

當旋腕、坐腕時將胸、腹向上翻騰時，再將整個身軀自足部的湧泉穴處與大椎骨之間的幅度拉成大的弓把，使後面的大椎骨及胸、腹前的骨節推開，而身軀內部的空間擴張。這些連串的動作，就是將黃庭延伸到極限，自然能量的容納大幅增加，使黃庭形成真空。到這階段的現象，自然寂然不動（真空），感而遂通。（如附圖八／黃庭位置）

以上幾點是最後連貫一整體的動作，一中有多、多中有一；如果未能將這些深層的死角一一擊破，就不能提升藝術的境界。在這鍛鍊的過程，要領悟到《拳經》中所謂的「意氣君來骨肉臣，意氣均來骨肉沉」，在「無功功裡施功，無影無形是真」，以及「周身一家」的整體觀，否則不能有千變萬化、化化無窮的意念向虛空中發揮活動。

三丰祖師有云：「鍛鍊真空返太無」，即是與大自然結合，此即哲人的天人合一。

（七）呼吸與氣

人之生命，呼吸而已，沒有呼吸，就沒有生命。但呼吸什麼？「氣」而已矣；「氣」又是什麼呢？

借文天祥之《正氣歌》來注釋：「天地有正氣，雜然賦流形。下則為河嶽，上則為日星。於人曰浩然……」

《孟子》云：「吾善養吾浩然之氣」，不但善養而貴在能積，能積而後能充（所謂積健為雄），能充而後合百體，百體既合，方能為用。

莊子言：「無聽之以耳，而聽之以心；無聽之以心，而聽之以氣。」為什麼要聽之以氣？因為耳所感者實，心所感者虛，而氣所感者靈。因為氣充塞於天地之間，雖膚髮之微，氣亦充實之，蓋氣無空間故耳。

太極拳、太極導引之精髓處就是要「以意練意，以氣練氣」，也就是以後天之氣練先天之氣。以虛靈之心，養剛中之氣。以體言，體力之生，雖在於筋骨，而筋骨莫總於腰，故以腰為母，而會合莫大於氣，故又以氣為父。明其陰陽，舒力為勁，放勁成勢，勢動為機。「機」天下之至微者也。《拳經》有云：「彼不動，己不動；彼微動，我先動。」這彼微

動，我先動就是要掌握「機」。

怎樣才能掌握這「機」？就是要具備「鬆透」的條件，鬆如流體，氣貫四梢，充實百體，方能為用，然非一蹴可幾。

何為「先天氣」？

先天氣，原就儲存於身，人人具有，稱為「元氣」、「中氣」、「內氣」等。此氣在人體內，有深淺強弱之分。弱淺其氣質差，深強則其體質強。所以練太極拳要千錘百鍊，日積月累，來培養這「先天氣」。

但要如何培養？

所謂「其寢不夢，其覺無憂，其食不甘，其息深深」。

《莊子》有云：「眾人之息以喉，真人之息以踵。」「眾人之息以喉」者，就是一般人不喜歡運動以及不知如何運動，體內空間受到限制，經絡穴位漸漸壅塞，大腿、胸腹盡是堆積脂肪乳酸，甚至心臟部位呼吸的空間越來越小，等於心臟掛在牆壁上，只能靠喉部來呼吸了。而「真人之息以踵」，真人就是指身體健康的人，以踵就是描述深呼吸延伸到全身，也就是合於百體。

如何氣貫四梢？

太極導引則是強調氣貫四梢（手指、腳趾為筋梢，頭髮為血梢，牙齒為骨梢，舌頭為肉梢。）能貫四梢，則全身內外，五臟六腑無不到矣（能合百體）。

引體、導氣必須配合運用：「引體」是將所有經絡，借旋轉達到通暢，以更多微血管加強營運氣血的工作，將空氣中所含的氧引進體內（丹道所謂「進陽火」），所以必須採用逆式呼吸，其日常行乎生活中，才能以氣貼背，循督脈而上泥丸，也就是《老子》所謂：「專氣致柔」，專氣屬陽，致柔屬陰。

順式呼吸雖然自然，但不能深入將氣延伸到四梢，倘若加意，則易使氣壅塞胸腹之間，則容易喘息。所以《孟子》有「無暴其氣」之說，暴其氣則肝火上升，氣不得其平。

中醫所謂：「藏於肝，而運於脾」，以氣運於脾臟，增加消化之功能。

太極導引採「逆式呼吸」可使其功效一層深進一層，每層有每一層的功效。也就是由外引內，初則在表層的神經系統，由內而外則漸漸進入經絡系統，以致臟腑系統。由這種依序登階，則可進入高層次的境界，才合乎太極之哲理。

（八）氣宜鼓盪、神宜內斂

記得啟蒙時期，先師曾說：《拳經》亦有

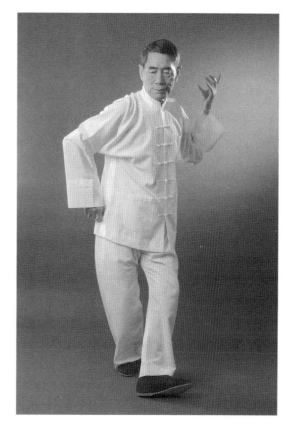

所載，就是當練太極拳時，必須「氣宜鼓盪、神宜內斂」，才符合太極內功之行功。這次進階的書，再提出對它的見解，重複並加以箋註。

所謂「氣宜鼓盪」，不是一開始學習太極

拳時就能做到。它是一種對太極拳追求的目標，是必須將身軀全部逐漸放鬆之後，甚至己及於所有的穴位，且將原儲存的一些廢料，如脂肪、乳酸等，借由細密的旋轉、纏絲的動作，將它排除轉化，再以深度呼吸將氣導向這些穴位中，輸進氧氣，營養細胞。

首先由局部的經絡逐漸再擴及全身，並帶動關節中的軟骨組織，使其韌性不斷加強。整個身軀內部自腹、胸至背後的大椎骨之間，自上而下都能達到真空狀態；即以氣感而通，以心意掌握的動作，可慢可快、可柔可剛而毫無滯機，這就是「氣宜鼓盪」的內景。

所謂「神宜內斂」，經過練精化氣、練氣化神這兩段工夫，神始自現。然而在這過程中，在意識中已掌握「無意之意才是真意，無形無影才是真功」，則乃「求其放心而已」；如果只是有意而不能放下身心，卻想提升到「神」的層次，是有困難的。譬如《拳經》所載：「用意不用力，用力則滯」。滯則凝氣，不能流暢，就不符太極自然之理。如果能掌握而悟其思維，其實只是放心而已。

練拳時不必去求收穫，在這無形之中自然會不知其備而已蓄，不意其至而已達，也就是在寂寥之間找不到質的存在。你去研究它也沒有實物的外在形象，只能用一種自然內斂來形容它，完全靠心氣交和，以孕育其神。這不能專以動作來達到神的境界，而是理論使然。又如醇酒在壺，氣味芬芳，這是靠長久的時間薰蒸孕育而成，非酒自在也。

太極拳是動中求靜的一種內功，動靜相須而行，即是心與氣合的工夫。此「氣」有二層意思：一指呼吸之氣；二指存於丹田中所化之氣。我們練習時，先須調順呼吸，即深長之腹部呼吸，使與動作相應，鼓盪內臟運動，使內分泌液化成氣（俗稱「中氣」或「元氣」），同時用意識引導。「神」即心神，把心與氣相守於丹田，即是內斂，然後使氣渡尾閭升騰而上，使之能「萃於面，盎於背，而達於四體」。

太極拳的內功，就是用氣的鼓盪，神的內斂，把心與氣相守在氣海內；使氣海中所積之氣逆運而上，歸於髓海，收斂入骨以保留之。於是骨髓日漸充實，達到身體壯健、精神飽滿的身心平衡狀態。

太極

參

體認與迴響

太極導引 進階

一、好東西與好朋友分享

國立臺灣戲曲專科學校教師　楊雲玉

(一) 遲來的驚喜

　　年幼時，受武俠電影及小說的影響，曾有過拜師習武、行俠仗義的夢想。依稀記得在矮牆上跳上跳下的輕功假想；將髮夾磨尖充當飛鏢暗器的快感……。及至少年，笑看年幼無知的幼輩依循我們走過的路，如法炮製與當年的我們相同的青春夢想。才想到高人難尋，或許只藏在中國大陸的某仙山上？也或許，根本沒有武俠小說上所謂的高人！

　　年紀漸長，對中國功夫的印象，大多是電影上的飛簷走壁，似乎遙遠；而如李小龍、成龍的棍棒拳踢，又似不真實；即便是久聞的各家拳術，覺得不過是比手畫腳，太極拳也只是依樣畫葫蘆的賣弄而已。電影中炫目的武功全是套招和吊鋼索的功勞，以滿足所謂俠士的雄武英姿罷了。因此對中國功夫的想法，最多不過強身爾爾，也未多想其他的益處，漸漸不再做武俠的青春大夢。

　　首次見到熊老師，也是第一次接觸「太極導引」是八十六年九月國光藝校邀聘「太極導引」創始人熊衛老師擔任舞蹈科課座教師。抱著起碼可以健身的目的與好奇，筆者除負責該課程之學生管理及課務輔助外亦隨堂學習。誰知，十多年來對中國功夫的輕蔑和成見在與熊衛老師學習「太極導引」後不攻自破，才自知對中國功夫的藐視是斷章取義、自以為是。也從未料到，在面對大多數人皆張牙舞爪、小心算計別人的社會，還可以看到一位身懷絕技、虛懷若谷，對紅塵俗事了然無欲，氣度寬宏、內外謙和的「真人」！此次機會，意外發現中國人在身體文化上的耕耘原來如此博大精深，更驚訝在台灣的小島上，竟然也有如此「高

人」，且近在咫尺，怎不畢恭畢敬、潛心修習？若再蹉跎、浪費鑽研之機會，恐後悔莫及！

（二）天人合一的奧祕

熊老師的「太極導引」並非偶然的天才創作或傳統形式的紀錄拼湊，而是累積近四十年心血，鑽研各家太極拳法之領悟與實踐。熊老師捨太極拳之「拳」的銳氣，而綜合各家太極拳的特色，如：陳氏的纏絲、楊氏之柔、郝家強調的開合……等等；打破派系獨創「太極導引」的身體訓練，並將中國道家之《陰符經》、《道德經》、《易經》等經典中的文化精髓歸納、延伸至「太極導引」的精神面，使身體、精神的訓練二合為一；肢體與思想的雙向力行。

「太極導引」是條理化、精練化的一套導引術，並融入太極拳、氣功、丹功的精華與妙悟體驗，是一套經由肢體、經絡的纏絞、伸展，達到筋骨鬆柔、神定氣閒、入定入靜效果的養生術。在熊老師諸多著作中，明白解釋「太極導引」十二式概分為導氣、引體兩大部分。「導氣引體」又分三層次；第一層次是由外而內的神經系統，第二層次是由內而外的經絡系統，第三層次是內外合一的腑臟系統。在熊老師設計之三階段：高、中、低姿勢的訓練中，一再強調「旋轉」的力量。「引體」六式在使人體九大關節——肩、肘、腕（手部三關），腰、脊、頸（身軀三關），胯、膝、踝（足部三關），透過無限的旋轉扭絞，由外而內，由淺而深，逐步絞緊、鬆弛，並配合「丹田內轉」、「氣沉丹田」的纏絞作用，使人體從右指尖到左腳尖，左指尖到右腳尖成為貫串、穿透的兩條交叉線，以致一動無不動，一轉無不轉，無所滯礙，無可牽制，成為一個通體旋轉的整體，並在呼吸吐納的交互配合下，使身體內臟得到微妙的自我按摩。

「導氣」六式則在深、長、綿、勻的呼吸吐納中，配合肢體、筋骨的鬆透舒冶，使氣息流注全身，不但縱向、橫向的氣機得以擴張，氣血並得深入腰隙。而脊柱腰頸因為修習者的延伸、拉動，更可增加它的彈性與韌性。這種通身筋絡的養氣練法，甚至引發氣機，產生妙不可言的氣動。導氣引體各式，勤習且能以

「無為」心境而頓悟者，使氣自然運行，最終或可達習武者最高境界，深入「外家」的筋骨（陰中之陽）、「內家」的氣髓（陰中之陰），一旋腕，力道就到腰胯；一轉踝，內氣即到指尖，而至「風吹楊柳，生機盎然」的整體感覺，使人體達到內外調和，綿綿不絕的創造意境。

（三）普羅大眾的怡性養生

熊老師獨創的「太極導引」口碑相傳，眾說紛紜，概因練習者眾多且涵蓋各行各業之故。對一般大眾來說，「養生怡性」的相輔相成是「太極導引」最顯見也是與一般運動最大不同的優點。外在肢體的旋轉進入肌肉、筋骨、經絡的自我按摩，可排除體內的不良物質，如脂肪、膽固醇等，加強身體的彈性和耐力。原有的病痛可因持久的練習不藥而癒，這即是「引體」的養生之道。「導氣」則使體內氣機縱、橫擴張，有助於筋絡氣脈的暢通與健旺，達到身心調和的奇妙功效。「導氣」亦練「修為」；性情暴躁者心情無法放鬆則無法持有「氣」的修養，僅「外」動而非「內」動，

即如不懂運動的人因外動消耗過大，氣則淺，呼吸量過快而不持久，因而影響器量、胸襟氣度的開闊及視野的寬宏。導氣的訓練強調內動的氣血在放鬆的體內陰陽互動、自由運行、綿延纏繞、伸展不絕，一如天地持續不斷之旋轉，人的氣血隨之旋轉、天人合一，拓展體內更廣闊的彈性空間，配合緩慢、深長的呼吸，進而控制自身意念，平心靜氣，性情亦漸受影響而趨於沉穩、平靜，這即是「導氣」的怡性之理。

（四）雲門舞作的印證

從事表演藝術者，「太極導引」的助益更是訓練之良方。「雲門舞集」近年來之舞作《水月》、《行草貳》、《流浪者之歌》等舞作，即是因為「太極導引」的修習與善用，呈現風格的轉變；更超然、更怡靜，重要的是舞者的體能之放射、線條更柔滑，呼吸更深長、沉靜，動作的掌握更流暢自如，突顯的不再只是舞者極度的爆發力或舞作的艱深與困難，而是柔與力的融合，是外在的「力動」加上內在的「氣動」，綿延而美麗，呈現中國古老身體

文化的一種自在。戲劇演員和舞者相同,皆以身體作為最重要的表演媒介,因此,體力、耐力、爆發力是必須的要件,如果沒有掌控自如的肢體,在角色的演繹詮釋上將會有所限制。

「太極導引」對戲劇表演者之助益當然非常顯著;又如演員兼樂者(鼓手)的「優劇場」,或融合傳統與現代演出的「金枝演社」之成員皆因「太極導引」之訓練受益良多,演出亦呈現出更多樣化空間。

(五) 意外的發現——「氣」與「節奏」

筆者更重要發現,「太極導引」中「氣」的掌控是所有西方表演訓練鮮少被提及的,而在二十世紀被尊稱為劇場先知、詩人、畫家的法國全方位劇場人安東尼·亞陶(Antonin Artaud 1896-1974),在他的劇場論集《劇場及其複象》中即提及「氣」的運用,雖然他以「猶太神秘教將人的氣分為六種主要奧秘」為範例,但其目的是強調「氣」對於演員的可貴,他認為「每一種感情、心智的每一個動作、人類情愫的每一個跳躍,都有一種相應的氣」;「表演愈是含蓄內斂,氣愈是開闊深沉,愈是豐富且充滿回響」;「氣所促發的是生命的再現……」。(亞陶所述之「氣」的原理與組合哲理,容下回再論)。令人訝異的是,熊老師在「太極導引」的精神思想方面所引證的中國諸多道家文化學說,亦與亞陶所談之理論有殊途同歸、異曲同工之妙,如《易經·繫辭》「易之為書也不可遠,為道也屢遷變動不居,周流六虛,上下無常,剛柔相易,不可為典要,惟變所適,……」正可適用於「氣」的陰陽、流動與轉變的重要與運用。若要成就、超越境界則不可固守形式,變遷與轉化是必要、必行之功課。另外,《參同契》中之「易行周流,屈伸反復,幽、潛、淪、匿,以無制有,器用者空,……」,雖然熊老師用以描述太極纏絲(旋轉)之現象,但亦可適於解釋「氣」的吐納、運行與運用,必須交疊、反覆、活化掌控而非僵硬制式,才可虛實交替、綿延不絕,其他諸多不另枚舉,皆適可作為演員思想訓練之精華。大致歸結;詮釋角色若無「氣」,則如軀殼無靈魂一樣,角色即失去生命,失去多采。若演員只是背誦文本演出,是任何人皆可勝任的。

另外，現代人的「急躁」是表演上最大的致命傷，而詮釋角色與劇情氛圍上首重的是「節奏」；節奏過快、過急或內在不夠沉靜，一切直來直往，無法呈現角色與表演的深度，也容易讓觀眾觀感疲乏。如果表演風格一成不變，詮釋技法過於躁進，即使大牌如美國諧星金凱瑞也會讓人無法消受，總覺少了人性中更深沉、更具思考性的一面。

「導引」對演員身體訓練之益處不必重複贅述，但它確實可以培養訓練節奏的敏感度；看似緩慢的引體動作，配合體內氣機的運行，自如的意念操作下，讓演員隨時靜得下來，又可即時動起來，若加上練「氣」更大有不同。「氣」的掌控與運用可產生千百種「節奏」組合，以致同一角色、同一情緒亦可有多種演技變化，因此，演員無論在語言、表情、情緒、動作等皆能收放自如、輕易掌控引人入勝的節奏，使角色與演員之間的多種可能性，更趨真實而自然，更能撼動觀者。

（六）音樂人的張力與彈性

相同的，將「導引」用之於音樂表演人員，其影響之巨更不可小覷；音樂的演奏者或歌者，一方面需「節奏」分明外，用「氣」的部分更甚；氣短或氣不順則無法自如。另外，一般音樂科系學生的訓練，大多集中於專長上的技巧與技法，而忽略身體的訓練，甚至連上、下台之走動且不能自在、自然，更何況其專業表演的自如？「導引」的訓練正可補足其肢體、節奏與氣的張力需求，增強身體、節奏與氣的彈性與控制，動靜自然，柔與剛隨心如意，對其專長的呈現有絕對的幫助。

（七）表演者的內外轉化

所有的表演藝術最直接與觀眾接觸者即為演員（表演者），表演技巧只是外在的基礎訓練，但不可固守不變。固守則流於千篇一律，固守則受困而無可發揮，以致任何表演最多只是「扮演」而非「化身」為該角色。

初學表演者需技巧輔助是謂「由外而內」（outside in），運用技巧扮演角色。但當了解基本技巧後則須精進於「由內而外」（inside out），進入更深層的表演領域，成為「自由的化身」；將技巧內化，以「無為」參透各角色

內在，而自由自在、自然呈現。演員可以游刃有餘的掌握每一個角色，無須扮演、自身即是劇中人般的真實，而非費力的去模仿表演角色的表象而已。因此，任何角色皆可變，皆自如呈現，即是由「演誰像誰」進入「演誰是誰」的另一層次的表演境界。內化的表演讓觀眾百看不厭，愈看愈發現其角色變化之不同，歷久而彌新。外化的表演即如前述金凱瑞的典型化表演，無法引起觀眾長久的興趣，亦無法在觀眾心目中印象久存。「導引」的修習即是先「由外而內」；先從「引體」的肢體外在運動，漸漸進入深層的內在脈絡，配合「導氣」的氣機自然運行再轉為「由內而外」。由身法到呼吸、再到意念，在簡單中變化繁複、自由，自我了解身體、自我參悟源於自身的能源奧秘，直至不分內外、天人合一。

（八）傳統戲曲演員的心性訓練

「太極導引」對傳統戲曲的演員更是適用與必須的訓練，因傳統戲曲的表演模式更須「內化」。老師口傳心授的表演技法是為基礎（角色外在形象的塑造），角色動作、唱腔等的固定俗成以利配合其他角色之排練與演出。但若每個人皆以師授技藝為滿足則於表演時千篇一律，毫無新意，任何人演來無所不同，觀眾則無所期待。

至於如何凸顯演員個人特色？如何創造各角色豐富性？答案即在「內化」（inside out），氣度寬宏、廣博能容的心性訓練。中國文化源遠流長，在諸子百家思想與哲理的濡染與訓練下，每一角色亦不似西方人物的單純與直接，這是不同文化之深層結構的影響。因此，詮釋中國歷史人物更須博引中國文化各家思想精華，仔細推敲、融會，以呈現中國人豐沛文化影響下的精神特質，加上對各角色、時代、文化背景及其內、外在的影響因素之探討，塑造出各角色不同個性、行為舉止、思考模式的特色，才能活化角色、賦予角色寬厚的生命。其重點即如《易經》所說的「惟變所適」，需「變」、「轉」，而非固守一成不變的基本表演模式。「求變」絕非師輩們所描述的「欺師滅祖」，而是面對時代文化的必然性轉變，提升表演藝術層次的必要性需求。在師授的技法之後研究、變化，才能在面對各角色的呈演中化

為「其人」，表演自然生動外，內在層次深厚、富思考性、自如自在，更能吸引觀者進入其所描繪之情境。不論古今中外，所有角色絕非單一、純然的心理，面對各角色不同年齡、場合、事件，皆有不同的反應與表現，詮釋其間之不同與表現其特色，則須運用如前述之「氣」與「節奏」，以豐富角色之內在層次。

因此，即使同一齣戲、同一角色連演數場、數十場，皆有不同之心得、不同之呈現而引人入勝，觀者亦有不同之觀感，並且將感佩演員之用心及其純熟變化之技法，如此豐裕的表演技巧與方法，才足以稱之為「演員」。

（九）省思與出發

自十九、二十世紀以來，因較封閉而予人神秘感的東方文化一直引起西方興趣與重視。而今，令人憂心的是，全球在科技極度的發展下，人類又企圖回歸古老傳統文化中尋覓可能被忽略的文化珍寶；無論是中國的醫學、美學、文字、音韻、表演藝術，甚至太極等身體文化皆倍受西方的尊崇與致力學習。相對於我們中國人所仗恃著已擁有的豐沛資源但卻未善加運用，以致於粗心輕忽，導致於現在西方國家對於我們的文化遺產或新獻卻如獲至寶、潛心專研。其情況猶如十一至十三世紀時十字軍東征，以致中國的火藥、印刷術西傳的結果一樣，我們十分地懷悔沒有好好珍惜珍貴的文化珍寶，這實足令人心生警惕！敬請有心人掌握機會、運用資源、鑽研分享、相互共勉吧！

二、太極導引與人體經絡

中醫師　賴素爵

(一) 中華文化珍寶——導引術

世界上四大文明古國各蘊含豐富的文化藝術。東方文化確實精彩迷人，精彩的東方文化中，除了佛法，中國醫學與養生導引術、武術一直是最吸引東西方人學習的部分。

導引術可謂琳瑯滿目：佛家以瑜伽術為導引術，道家以太極拳為導引術，醫家有華陀五禽戲、達摩易筋經導引術。而馬王堆出土的導引圖證明中國自古即精於導引術，也再次掀起學習導引的熱潮。

中國醫學自古有一針二灸三湯藥之說，《內經》也有提到導引按蹻的治療。所以導引術可說是中國醫學的一部分，它屬於預防醫學，也是治療方法之一，武術中也非常重視導引。針灸與導引按蹻的理論都根據《黃帝內經》中的經絡學說。而經絡學說更是中國醫學特殊的基礎理論。

(二) 關於人體經絡

中國經脈學說最早可見於《內經》、《難經》之中。近年外國也有經脈圖，與中國經脈圖部分不同。密宗有五輪七脈、中脈、左脈、右脈的說明。中國經絡系統是先賢以禪定功夫實際體驗體內氣脈、經脈流注，及可見到他人體內氣機、經脈流注，將人體內經脈情形詳細繪製記錄下來。將經脈，絡脈注入五臟六腑，以及經脈及絡脈之間的聯繫關係，交待非常清楚，看人體的經絡系統圖，不禁讓人由衷的讚嘆，人體真是經過非常精密設計完成的細緻作品。

1. 經脈系統簡要分：

(1) 十二經脈

(2) 奇經八脈

2. 經脈系統詳細分：

(1) 十二正經

(2) 十二經別

(3) 十二經筋

(4) 十五別絡

(5) 十二皮部

(6) 奇經八脈

3. 十二經走向：

(1) 手三陽經 — 由手走頭

(2) 手三陰經 — 由胸走手

(3) 足三陽經 — 由頭走足

(4) 足三陰經 — 由足走腹

4. 十二經脈之起源、流注：

十二經脈起源於手足末梢，手足末梢十二井穴是十二經脈的源頭。十二經之井滎俞經合與原穴，分布於手指至手肘，與足趾至足膝。

5. 十二經脈各有所屬臟腑，與臟腑功能息息相關。

(1) 手太陰屬肺經

(2) 手少陰屬心經

(3) 手厥陰屬心包絡經

(4) 手太陽屬小腸經

(5) 手少陽屬三焦經

(6) 手陽明屬大腸經

(7) 足太陰屬脾經

(8) 足少陰屬腎經

(9) 足厥陰屬肝經

(10) 足太陽屬膀胱經

(11) 足少陽屬膽經

(12) 足陽明屬胃經

6. 經絡系統分布全身，在體內形成一個精密的網絡系統，向內聯繫五臟六腑，向外及於關節、筋骨、四肢百骸，與血脈、神經、臟腑、筋骨共同營運人體各項生理功能。

（三）太極導引與經絡關係

太極導引是太極拳以柔制剛的練功方法，也是健身強身的養生功法；是一種全身上下內外最徹底、最深入的運動。練太極導引須有階段、有層次。初期由外而內，以鬆靜為主，鬆而再鬆，藉由鬆柔的旋轉運動，利用如水至柔，無堅不摧的原理，一波一波、一層一層地推進。逐漸鬆化全身，腕、肘、肩、頸、脊、

腰、胯、膝、踝，九大關節。由皮膚、肌肉、筋骨、關節，層層深入的按摩運動，深入五臟六腑，帶動活化血脈、神經、淋巴等系統，五臟六腑能自然強化，免疫系統自然增強。因為

經脈由手足末梢綿綿密密地隱在肌肉、筋骨之中，向內聯繫臟腑。其實經脈可以說是人體能量的中樞系統。所以練太極導引不管了不了解經絡，經絡練法自在其中；不管著不著意，經絡氣的加強，默默中自然增長。

太極導引導氣六式與引體六式，都與經絡息息相關。練功的初期是由外而內的階段，先由手足末梢漸漸向身體深處鬆化。因為經脈起源於手足末梢，手足的十二井穴是人體十二經脈的源頭，藉由太極導引引體這種徹底鬆化的動作，綿綿密密的旋轉方式，慢慢推動，可以慢慢引發，逐漸增強經脈之氣，疏通經脈中氣機種種的障礙，達到五臟六腑。

而導氣動作比別的功法能更快引發內氣。《難經》上說：「臍下腎間動氣者，人之生命也，十二經之根本。」所以十二經最源頭的根本，是在臍下腎間動氣，內氣引發之後，即是由內而外的階段，此時內氣增強，更能加速十二經脈、奇經八脈的經氣，對五臟六腑功能的加強，更加快速。因此，能夠幫助治療疾病，能夠加強免疫系統。

十二經脈氣機通暢之後，絡脈、奇經八脈

145

很快一通百通，體內一片活活潑潑、生機盎然，疾病就很難入侵了。

以旋腕轉臂為例：旋腕轉臂動作由手指開始，先旋轉手腕、手肘、肩三大關節，再旋轉入頸椎、胸椎、腰椎，深入腰隙，再往下旋轉胯、膝、踝關節，初期練在手部可以深入加強手三陽經脈與手三陰經脈，漸次，在足部可以深入加強足三陽經脈，與足三陰經脈，最後，當全身徹底鬆透，氣機充沛時，奇經八脈之氣能與十二經脈之氣水乳交融，渾然一氣。

太極導引練至鬆透，其他動作只要參照十二經脈與奇經八脈，自可體會每一動作與經脈的關係。

關於太極引導與人體經脈必須說明幾點：

1. 初練太極導引者，重點在反覆練習導氣引體動作，不要考慮經脈的問題。

2. 經脈了不了解沒有多大的關係，太極導引中自然有增強作用。

3. 最好不要自己做經脈導氣，因為經脈自有其運行機轉，只要練太極導引，意念在若有若無之間，自然可幫助增強經脈之氣。

（四）太極導引——中華武術的心血創作

太極導引融合了太極拳、古法養生術、丹道與中國哲學思想。熊老師經過數十年來潛心磨鍊、親身體悟而創作出來的心血結晶。

太極導引蘊含太極上乘功夫的練法、人體經脈養生健身治病的導引功法，以及四肢百骸鬆靜，乃至心靈虛靜無為精神修為；也是不假外求、反璞歸真、自然優雅的人體藝術。

熊老師榮獲2001年全球中華文化藝術武術薪傳獎，實至名歸、當之無愧。熊老師2002年發行太極導引VCD，希望今後太極導引能夠落實生活化、藝術化、國際化！希望國內外朋友都能得到熊老師送給大家最珍貴的中華文化珍寶—— 太極導引 。

三、太極導引與醫學

前台北榮總家庭醫學科醫師　陳力平

自古至今，人人皆言太極好，而太極到底那兒好呢？

適承熊老師之指示，我自這段期間個人的體驗以及從醫學的角度來談談太極導引的好。

太極導引勉強可粗分為形而上哲理和形而下的肢體運動；而兩者是相輔相成如形影相隨，密不可分的。但因個人體會有限，以及目前西醫在東方傳統哲理和氣的領域之理解與實證方面的資料有限，所以對太極導引的菁華——形而上的哲理和氣的部分無法多加著墨。現就以肢體上強身來說明兩者間的關係。我以解剖生理學、運動醫學和常見疾病的觀點來看太極導引的特點：

（一）旋轉

老師常言：天無旋則毀，地無旋則墜，人無旋則枯。

1. **旋腕（含旋腕、坐腕、突掌、舒指）**：可説是使手部27塊小骨頭做到最充分的全關節活動，與復建醫學在手部關節方面的保健和復健是相同的理念[1]，也就是達爾文的「用進廢退説」[2]。

2. **轉臂**：肩部七運動，轉臂全部動。對五十肩（冷凍肩）之預防和復健有很好的效果。五十肩發生的常見原因為，肩關節附近組織的發炎和損傷。

3. **旋腰轉脊**：對脊椎靈活度和背脊與腹肌的增強助益大，可防止上下背痛和椎間盤突出，這也是背痛常見的原因。

4. **旋踝轉胯**：可增加韌帶強度而防止扭傷，也可推及全身。

5. **雙併旋轉**：可增加膝關節的靈活度、穩

定度與防止退化，且具有暖身作用。所以旋轉有助於骨骼、肌肉、肌腱、韌帶，關節的強化和決定度與彈性的增加。

6. **增加血管彈性**：有氧運動（增加肌肉細胞內粒腺體的體積，增進有氧代謝的能力），所以可防治高血壓、心臟血管疾病（如中風等等）、四肢痿麻、糖尿病等慢性疾病。

（二）延伸

1. 人為什麼要伸懶腰，打哈欠[3]？

2. 等張性（延伸）和動性的肌耐力訓練可使肌耐力的全面增加（骨骼肌的纖維可分成白肌（快縮肌）和紅肌（慢縮肌），而肌耐力[4]與紅肌較有關，也與最大氧攝取能力有正相關）[5]，可消除痠痛點，預防和治療肌膜疼痛症候群[6]。

3. 配合旋轉可大幅增加血管彈性，以促進血液循環和身體代謝能力；同時也達到骨骼關節活動的最大極限。

（三）開合

開合就是呼吸，也就是陰陽。太極導引強調提襠（提肛、收會陰、縮小腹、節節上推），丹田內轉和氣沉丹田，這是腹式再加上胸式的全面呼吸。其整體動作就是對下腹和內臟的按摩，可提升心肺功能[7]，訓練骨盆底肌肉群，類似凱格爾運動[8]，有助於尿失禁和攝護腺肥大的復健，且與女性生育有關。理論上可能是一種男女皆可用的另類威而剛；同時可刺激骨盆的副交感神經叢（薦神經叢），因而可調節男女的性荷爾蒙，有助於調經和不孕（日本有如此受孕的例子，但目前尚無實證的文獻報告）；此外對於姿勢保持和強化脊椎[9]有很大的幫助。

（四）絞轉

1. 可達到深層的內臟按摩，促進內臟血液循環和代謝，同時對大小腸的自我按摩，可改善便秘的情況。

2. 可大幅活動到全身的肌肉和關節，深入身體平常最不易運動到的部分，如脊椎骨和肩胛骨。

（五）**講虛實，不雙重**

1. 如同負重訓練，可增加骨質密度，防止骨質疏鬆。比如腳踏車運動可增加骨質一般，也是用進廢退的理論。

2. 訓練反應防意外：比如跌倒、骨折等意外；美國有以太極拳的肢體活動來訓練老年人，來預防日常生活意外和跌倒的發生。

（六）**快慢相漸，循序漸進**

符合運動醫學中的體適能四要素：

1. **心肺功能**：心跳每分鐘需達次數的計算公式：（220－年齡）×60～85%。以垂直升降為例，高中低三種不同的層次可符合不同年齡層的需求，而達到訓練心肺功能的目的。

2. **肌力與肌耐力**：以站樁為例，可增強肌力和肌耐力。（定義是：一次可達到的最大力量，以及同樣動作可重複的次數）。

3. **柔軟度**：正如楊柳風中曳。

4. **身體組成**：太極導引強調：「動，周身動」，所以全身均有運動到，能遠離肥胖身體無贅肉，理論上會有正常的體脂肪分布，其好處在減少心血管疾病和促進新陳代謝。

太極導引可因人而異，練習不同運動量的肢體活動，所以適合大多數人的運動需求（不過對於四肢不能動和不想動的人例外）。

（七）**好的運動可促進健康**

1. 保護心臟血管系統（如心臟、血管、血壓）。

2. 增強呼吸系統和免疫功能，增大肺活量和增加免疫功能，減少感冒發生。

3. 加強骨骼肌肉系統，且可幫助減緩關節炎。

4. 促進內分泌系統及新陳代謝。如胰島素、生長激素、腎上腺皮質素、能量的代謝。

5. 可改善脂肪的分布和代謝。

6. 預防血管栓塞，耐力型的運動可預防血栓形成。

7. 預防癌症，如大腸癌、直腸癌、乳癌等等。

8. 預防老年痴呆（Discovery 的實驗）。

9. 促進心理健康，會更有自信心、行動力和開朗。

10. 增進健康相關生活品質。

（八）適合現代人

1. **現代醫學的健康觀**：致病因素有四項：環境、遺傳、醫療和生活習慣。不良的生活習慣導致50%的致病率，而其中運動量不足是不良生活習慣中的一個重要因子。

2. **完整運動處方五要素**：種類、頻率、強度、每次運動時間的長短、運動的進展速度。運動最好至少每周三次，每次20分鐘以上，同時達到足夠的運動強度，具有暖身和緩和期。

3. **隨時隨地不受限**：可破除大多數人的藉口：沒時間、沒場地、沒同伴。

4. **循序漸進有層次**：適合男女老幼，從小小孩到只要能動的人都可以練。

5. **需要有志、有識、有恆**：健康是來自肯吃苦，肯流汗，而非躺在沙發看電視或只是吃藥就可得到的。

（九）以意練意，以氣練氣，不尚拙力，不勝人，但求自勝

1. 深層的導引，近似於禪定，有深層的腦波，對於身心的安定有所助益，可說是忙碌現代人的一帖良藥（如對身心症、大腸激躁症、

胃潰瘍等病症）。

2. 太極導引深層的哲理（如身體文化、太極文化、古老的中國易經文化等等），有助於個人的心理健康（世界衛生組織的健康定義：完全的身體方面、心理方面、社會方面的安寧福祉，而非只是疾病或虛弱的不存在），更甚者可促進社會文化的的健康。

（十）中西交流以互長

1. 以科學化的角度來驗證太極導引對於人的身、心、靈之實質益處和以實證方式來研究探討其理論，兩者同時加以推廣，嘉惠更多有緣人。

2. 以太極導引來拓展現代醫學在東方傳統優質醫理和養生的領域。

註解：

1. 媽媽手，扳機指，gliding make pain release。

2. 滾石不長苔，流水不腐。

3. 缺氧。

4. 肌耐力分靜性（等長）的肌耐力與動性的肌耐力，如拔河、屈臂懸垂等屬靜性肌耐力；引體向上、伏地挺身、仰臥起坐等，都是動性的肌耐力的評量項目。

5. 慢縮肌纖維比例與一個人的最大氧攝取能力有關。比例越高的人，最大氧攝取能量越高，反之越低，不過，擁有同樣比例慢縮肌纖維的人，運動員的最大氧攝取量還是比一般人高。此事實也顯示訓練的效果。

6. 陰陽調和，肌肉血管的一收一弛，可助乳酸和發炎質的移除與代謝。

7. 將腹腔內的靜脈血壓送回心臟，同時把動脈的血送到下肢，減輕心臟負擔。

8. 約有三分之一的成年婦女有尿失禁現象，停經後的更年期婦女更高達六成以上。男性也同樣可以訓練，將有助於控制射精，改善早洩，甚至能預防尿失禁和大便失禁。

9. 可強化脊椎穩定的肌肉群。

四、由東方的身體文化看太極導引

台東醫院醫師 潘盈達

東方看待人、看待身體的方式，顯然和西方大不相同，然而現代教育以西方文化為主，以致於老祖宗是如何來看待我們的身體，除少數專研傳統文化者外，一般人所知不多，而這當中絕大多數是將古人的智慧當成學問來研究，能身體力行，體會箇中之味者，實如鳳毛麟角；不可諱言，西方文化有其特長，它帶來科技、醫學等方面的進步，是有目共睹的，在微觀、物化之下，人被切割，似乎不再是個整體，也讓人覺得若有所失，遺漏了些什麼。這失落的部分在東方的傳統裡，似乎可找到些端倪。東方身體文化的特色與西方最大的不同，在於氣、經絡系統、臟腑功能、與身心的互為影響，這裡我們以比較宏觀的角度，也就是精、氣、神三個層面來談。

古時的中國，將人分成精、氣、神三個層面來討論；精是指物質層面（嚴格說，是指物質的精華面），神是指精神層面（古時也常用心、性來描述），氣則是心物之間的橋樑，是動力系統，現代也習慣以能量名之；所謂健康便是這三個層面的和諧、平衡發展，人欲無病，延年益壽，就是從這三個層面著手。

（一）煉精化氣

在身體層面上（精），現代人多以汽車代步，加上休閒活動也以靜態為主，身體活動普遍不足，以致關節僵硬，肌力、肌耐力差，所以當以鬆筋活節、增加肌力、肌耐力為先；至於體力勞動者，往往因不當或過度地使用肢體，而造成肌腱、韌帶、骨膜的傷害，而使關節提早退化，所以一方面要學習肢體的鬆柔，進而練習接骨兜榫，使力量得以完全發揮，而

不困在肌肉關節，並能以最輕鬆省力的方式來執行肢體的活動，如此便能達到身體初步的鬆活圓柔，及太極拳所謂的節節貫串，漸漸地，便能使氣機周流全身而沒有阻礙。

煉精化氣，也就是身體要得到充分與正確鍛鍊，才能得到進一步轉化。現代物理學已證實，物體可由其震動頻率與能量狀況來描述，每一種物體都有其特殊的震動頻率，乃至每一種細胞也都有其特有的震動頻率，物體由固體轉變成液體、氣體，我們也可說是震動頻率由低到高的過程，震動頻率越高，內蘊的能量狀態就越高，其活動也就越自由，整個修練的過程，也可簡單的描述成震動頻率與能量的提昇，古人所謂羽化成仙、白日飛升、化虹光身等，雖未能得到證實，但也說明這是一種能量的昇華，將身體轉化成更輕質、更高能的狀態。

物體越笨重，其震動頻率越低，身體在透過運動後，會漸漸打破原有的凝滯，經過日積月累的磨練，不斷地深入，直達身體的內部、臟腑，乃至每個細胞，這也就是熊衛老師常講的運陰中之陰、運髓之義。髓者，骨髓也，髓海也（腦脊髓）。

這階段的困難有二：一是中道而止，未能鬆到內裡，運陰之陰；二是鬆雖鬆矣，卻顯得軟弱無力，無法進一步昇華，以發動氣機（煉精化氣），這部分就與心性、觀念有關，後敘。

這階段主要是突破身體的障礙，解脫形質之累，在身體極度的酸楚、不適、疲累之下，是否能放下對身體的執著，放得下，身體就能得到進一步的轉化（煉精化氣）。

（二）煉氣化神

中國人講的氣，不像西方人的習慣是專指某一樣可定義的「東西」，所以品目繁多，諸如中氣、宗氣、營氣、衛氣、穀氣、血氣、太和之氣、洪蒙之氣、先天氣、後天氣……，在此不做進一步的探討，簡單說，氣就是一種生機，一種活力、活潑潑的、生意盎然的感覺；退一步說，氣是除五官（眼耳鼻舌身）外的一些感覺，可能是冷、是熱、是麻、是磁力、是靜電的感覺，可能在體內，也可能延伸到體外。

諸家氣法，各有殊勝處，或觀想、或守竅，或意導，總不免落於有端，終為氣之所拘，難以進一步煉氣而化神；太極拳十三勢行功心解有言：「全身意在精神不在氣，在氣則滯」；滯者，停滯不前也。是以煉氣法門，應

純任自然，勿忘勿助，萬物自可各安其位，一氣流行，生生不息。

至於氣機之發動，孫錄堂言：「是動而後覺，非覺而後動也」，實可深玩之，更非努力使氣而致動也。至於身體未鬆透之前的動，是氣過阻塞之經脈而使動也，也是勿忘勿助，鬆之又鬆，自可通行無礙。氣機發動還有諸多內景現象，還得請教明師益友，以辯真偽，不論真偽，有之勿喜，無之勿憂，根據師門口傳心授，只是一股傻勁練下去，功夫無息法自休。

(三) 煉神還虛

以上屬於修命（生理層面），煉神即是修性，性命雙修即是練功的過程，神須貫串其中，無神，精難以化氣，氣不得化神；神就是心法，具體來說，就是心態、觀念，也可說是一種心境。

以太極的哲理來說，萬物的化生，是由無極而太極而有極，練功是由有返無的過程，是謂逆修。無極，是虛是無，無法可修，只能呈現、認取。起心動念，一想要修，便落入有為；以有所為、有所得之心來修，只是在有極

154

邊裡繞，永不得歸無極。是以不得不藉假修真，藉有修無，為無為（do no doing），這就是太極—非有非無，能有能無。引體令柔，是煉精功夫；導氣令和，是煉氣功夫；太極還虛，是為無為，是煉神功夫；太極導引，便是身心提昇轉化的功夫，是性命雙修的功夫。

無極我們可比喻為一顆乾燥的種子，當這種子遇到適當的時機，適當的溼度溫度，外觀上雖然還沒有變化，但其裡面的生機已開始萌發，「恍兮惚兮，其中有物，惚兮恍兮，其中有象」，這就是太極；這種子向上發芽（陽），向下扎根（陰），陰陽分，兩儀成，以致枝葉繁茂，開花結果，都屬有極。由無到有或由有返無，其關鍵都在太極，這也是練功的核心，所以拳、導引，以太極名之，而不以無極名之。無極，一味地無為，易流於清談或枯禪，以致身僵氣滯；太極，不是什麼都不做，也不是有所為而為，為無為，是放下希求，不問成果，只管耕耘，只管練功。

命功裡的太極，是先天氣動（非身體動之後天氣動），所謂玄牝之門開，是凡息停，真息生；性功裡的太極，是玄關現象，有先後天之別。玄關不是指身體的部位，而是如發呆之時，突然有人叫我們的名字，猛然回神一應，如夢中驚醒，萬念俱灰，一片清明，此即玄關一竅；；之後念頭復起，憂悲苦惱接踵而來，又是自太極而兩儀而萬物森然；如能於動靜中，常以靈覺之心觀照玄關一竅，一切運動施為，莫不了了分明，此即煉心功夫。

（四）結語

身心之修煉非一朝一夕可蹴，學問不厭廣博，功夫宜一門深入，唯有日久功深，才能稍有消息，不論氣機動否，常以無所求、無所得之心，勿忘勿助，只管練功，自有春暖花開之時候。

五、腦內革命與太極導引

退休教師 曾德財

讀春山茂雄與竹村健一合著的《腦內革命的活用》一書,深感太極導引暗暗契合其健康理論:

如:深長的腹式呼吸可以讓積在肺部深處的前列腺素(prostaglandin)分泌出來,以消除充滿身體內部的「活性氧」(活性氧是造成自由基,戕害身體的元兇);肌肉鬆弛,集中意識,心情平靜,可以活化大腦機能,生腦內嗎啡太(β-endorphin)為身心帶來健康。

太極導引不正是講求最深長的腹式呼吸,講究鬆柔,摧毀僵硬的嗎?導引從後天氣引動先天氣,經由引體的纏絲,鬆到底,鬆到透,配合丹田內轉、氣沈丹田的動作,打造從湧泉到百會的呼吸空間,主張以心行氣,以意導氣,不正契合甚至深化了春山茂雄的醫學理論?

書中,竹村健一舉出日本職棒歐力士藍波隊的明星球員鈴木一郎,「以擊球瞬間超強的爆發力聞名。然而,他站在打擊區的準備動作卻給人一種有氣無力的感覺。他的球棒總是無力地往後倒垂,好像沒有力氣握住球棒。但有趣的是,似乎因為擊球之前的完全放鬆,反而使他在揮棒時更能發揮驚人的瞬間爆發力。」

熊老師講柔、講虛,以開拓身體內部的空間;然後「慢到極點,才能快到極點」,指的正是這種爆發力。老師以飛機穿越空中為例,清空內部的雜質,一旦發動,內勁在電光火石之間到達,所謂「意到氣到」,傾全力於一個焦點,所以產生無比的震撼力。我一位林姓師兄說,今年七月三十一日,熊老師在藝術大學的講座,他用DV拍攝錄製成光碟。他形容說「我老婆在看光碟,而我在隔壁房間做其他的

事，老師在片中打陳架的金剛搗碓時，在另一個房間的我，卻被震得彈了起來！而那只是張光碟片，而且還在隔壁房間喔！」

此外，我發現常常做完太極導引之後，會一時記不起平常很熟悉的事物名稱，或忘了某些事情。有時候非常投入打太極拳，全神貫注在身體內部現象，會忘記拳招下一步怎麼打。這種現象有時困擾著我，以為自己老化嚴重。當我讀了春山茂雄的著作後，我才恍然大悟到，原來專司記憶、思考、語言的是左腦，我們專心打拳時，進入到一種專注狀態，像催眠，像冥想，也像出神，用的是專司作夢與遺傳基因、發揮潛能的右腦。它所產生的腦內嗎啡，能紓解緊張，活化細胞，使人愉悅而平靜。這也很能解釋練太極導引之後的舒適感覺。不正是有不少同門在做導引動作或打太極拳時，因放鬆而有接近睡眠的經驗嗎？

許多久練太極導引有心得的師兄都說：「這裡面有能量！很多運動是消耗體能，太極導引卻是補充能源。」而且練習一段時間後，身心都起了變化，「從量變到質變」，思考模式與行為舉止都不一樣了。

春山茂雄說：「『腦內嗎啡太』可以為身體帶來快感 ⸪..心情愉悅時，『腦內嗎啡太』便會不斷地分泌，使得腦細胞返老還童，而頭髮根部的毛乳頭細胞（popilla of the hair）及黑色素細胞（melanine）也都加速地活性化。」……「支持男性機能的睪丸細胞及女性機能的卵巢細胞，以及血液中負責殺死癌細胞的『自然殺手細胞』，都可以隨著『腦內嗎啡太』分泌的增加而出現年輕化的現象。」……「『氣』不生病，是健康的基本條件之一。」許多同門練習太極導引一段時間後，容光煥發，甚至頭髮轉黑，身體轉好，應該是這個道理。

熊老師說：「不追求練得怎麼樣，真正收穫在無形處。」又說：「身心放下裡面有真人。真人即健康的人。」我想，在獲得健康方面，春山茂雄的理論，可以在太極導引的身體文化中，獲得印證。

六、太極導引與身心之道

中央研究院中國文哲研究所研究員　李豐楙

　　世界各大文明古國在各自的自然、人文環境中，因應各民族所發展形成的宇宙觀、生命觀，也凝聚了長時間的生存體驗，就各自發展完成其調養身心之道。中華古國在黃河、長江所流經之地，早在文明發展初期既結構完成其氣化的宇宙觀。大氣流行既是宇宙資始的原動力，也是身體小宇宙的生命活源。在長期提煉的生命智慧中，如何調適自我身心的形與神、性與命而使之均衡和諧，就成為歷代養生家所探求的生命奧秘。經過千百年的經驗累積，在廣土眾民中有智慧者發現：以道家哲理的陰柔之道，活用太極陰陽運化之理，是良好運轉氣血的根本法則。「太極導引」的命名及其運動法門，正是在這種民族智慧傳統下完成的身心體驗之道。

　　在中國拳法中開花結果的，通常被區分為外家、內家兩大系統，太極拳即是內家拳法中登峰造極的一大成就。由於這種養生健身法

門，在早期都是秘傳、有緣才授的，所以創始者及其初期流傳的歷史，在拳術史上仍存在諸多謎團。但是晚近可信的就是陳家溝世傳的陳家太極，其後楊家太極又從此改造，成為風行南北的內家拳法。在這種根基上，原本就具有專門拳法的又紛紛加以吸收，經過各自消化後又獨出一格，這是吳派、郝派等紛出的原因。面對如此各自成家的太極門派，雅好此道者想要兼通諸家之長，勢必需有良好的機緣。清末到民初太極名家輩出，大多專精於一家已足以為行內人所敬佩。民國38年時代劇變，各省人士在因緣聚會下聚居台北，因此也匯聚了一些拳法名家，在自由的傳習中匯聚了各家拳法。

　　熊先生就是在這種機緣下，得以學會楊家、郝家太極。當時行內人所共同尊崇的名家：李壽籛先生所授的楊家太極，連鄭曼青先生、王子和先生都頗為敬重，熊先生就是李太

師的晚期弟子。而周增霖先生所授的郝派太極，是在上海就特別邀請名師傳授，其流行雖不廣卻是自有巧妙。早年的新公園正是熊先生經常出入的地方，至今它仍是各家拳法交流的好所在，在此學拳、教拳正是熊先生與太極結緣之始。在名家指導與自身苦練的情況下打下了良好的基礎，等到下高雄更有機會隨從王晉讓先生學得陳家太極，在台鋁工作之餘進入苦參勤練的階段，三家的拳理、拳法自是各有精妙，但是如何匯通為一？在勤修苦練之後，熊先生不斷苦思其中的奧妙何在。經歷一段時日後終於逐漸參透，他將鬆柔、旋轉的原理貫通三家，在長久演練之後終於形成一己的風格。

在太極拳界若要精通一家已屬不易，何況三家的巧妙各自不同，熊先生卻能將其融會貫通，確是南部一段潛修生活的收穫。重返台北之後再度展開教拳生涯，這時老一輩各家多半凋零，而台北經歷了現代化的衝激後，已然進入一個工商社會，現代人亟需一種簡易可行的運動。在這種氣氛下，台北曾帶動一波波的氣功熱，一個個氣功功法旋起旋落，就如市場上的速成商品一般。太極拳絕對是一種持續性強的健身功夫，有志此道者各憑機緣各取所需。當熊先生再次授拳之後，就有感於現代化的台北人，需要的是一套創新的運動養生法門。既然有緣傳承陳、楊、郝三家拳法，那麼如何萃取其中的精華？

在門弟子的請求下，熊先生進行了「太極導引」的創新。他去除了「拳」字，而有意打破拳法之障，純讓身體遵循「導氣」與「引體」的原則，進行人人自身的身心革命。「太極導引」的革新是從腦內開始革命，這是出自於傳統規矩又超越規矩之道。在廣泛的《拳經》、《丹經》中，熊先生從中挑選名言，然後經過一己闡釋後重新賦予新意。這些拳理、氣學正是反覆實踐後所印證的。熊先生既反對空談理論者不能落實於身體力行，也不贊成只是一味地苦練卻未能掌握其哲理、拳理。導氣與引體雖是萃取自三家拳法，卻是經由綜理條貫為一套的。其核心理念就是圓、就是旋轉，天、地如此，人體亦當如此；人之一身從肌理到筋節，如果只是直來直往就不能深透到裡，只有旋轉、纏絞才能深入其內。然而從肌理到筋節如何才能旋轉透徹？答案就是要鬆，如果只是

剛硬、滯重就是拙力，只有鬆柔中所蘊含、激發的內勁，才是太極的活靈勁。

熊先生在導引的動作中，先會要求學習者打破自己對於身體運動的習癖，什麼是正確的運動之道？他引用《老子》中「勝人者有力，自勝者強」一句加以發揮：先要打破成見、摧毀錯誤的用力觀念，然後經由有效的運動就可培育出新的力道。這種正確的方式就是鬆柔：鬆到裡、鬆到透，從陳家的纏絲原理中熊先生悟到旋轉運動之理。這種改變身體僵硬的過程，是從身到心、從形到神，一層一層解除後天的錯誤習慣，才得以完全地鬆放自如。所有的動作如波浪一般由內往外湧動，平波之下蘊含一股浪湧的力量。這也就是在台北藝術季表演太極導引時，百人以上的有序演出就稱為「波浪之歌」，在一波波的湧動中人體不斷旋轉舒伸，旋轉的手臂、舒展的身軀迸發出浪花。

凡是接受「太極導引」的訓練者，可以體會中國宇宙觀中的身心之理，在運轉中循環往復，動中有靜，陰中有陽，如此陰陽互補就成為人體動作的巧妙配合。根據天人感應的關係，氣在其中運轉，所有的導引都有氣在自然湧動，但是外表卻是溫和如風中楊柳，在柔腰百折中內在卻蘊含無限的生機。所以導氣引體的反覆訓練，確是期使人與道（自然）合而為一，使身心得到安頓。這時身體如同舞蹈，有股內在的力量引帶著肌理、筋節，形而為手臂、手指與身軀整體的動：一動無有不動。在和緩、舒徐之後常引發內在爆發的內勁，這種氣的呈現在有形式中又脫離形式，最後常常純任內氣的流行。此時的身心不再有罣礙，因而成為自由舒展的狀態，能與自然的節奏相互應和，這是最美的一種節奏感。

「太極導引」在熊先生的指導下，早已成為諸般需求者之所需：如養生者、醫療者或藝術工作者等。因為每個人都可在演練中發現身心內在的律動，掌握生活的節奏，也就等於掌握生命的節奏。一個古老民族的宇宙圖式，成為導引者的精神支柱：氣、旋轉與運行，在久練成習後就可傾聽自己身體內在的聲音、感應內在的節奏。這種內外合一之感就是一種永恆的回歸，回歸到生命原初：人與宇宙不是抗衡而是和諧。如此的身心正是現代人所失去的，而「太極導引」正是《老子》所說的歸復之道。

太極

肆 結語

虛心與虛身

　　知人則智，自知則明，自信則果。能自知，尤當自信；能自信則無罣礙心、恐怖心、歡喜心。罣礙不盡變，恐怖不盡取，歡喜不盡固，殆皆悚志氣浮，不足致用，故當自信。自餒則力殆，自振則神旺，神旺則心健，心健則氣沛，氣沛則百體而致能，故能強敵之強，蓋氣奪也。於是以知自信之福。

　　我常說「虛其心受天下之善」，今天則談虛其身才能吸收天地之能量為我所用。我在練拳時，常常強調要鬆，要鬆，除了鬆，還是鬆；我現在再以心靈意氣的延伸，去超越鬆的更深一層的涵意。就是由「鬆」的觀念，再轉化到「虛」的觀念。這當然要經歷長久的放鬆，才能進入到質變的放鬆，就是純以悟的思維來體現。

　　為什麼要強調「悟」？因為更深層的意識，很難用文字、圖畫描述。我借張三丰祖師的詞來加以印證，對「悟」字有其會心之處，所謂：「無根樹，花正無，無相無形難畫圖」，當你已練到「鬆」、「無」的階段，「虛」

的層次，才能與天地之間的道氣融化渾然一氣，此即所謂「天人合一」。

　　《拳經》又說：「由其大無外之圈，造到其小無內之境」，這現象已是沒有圈圈了，已到登峰之極了；外沒有現象，內只有意念了。如說還有現象，這現象就如深海中湧動的波浪，已蘊含著莫測於虛的潛在力量。

一、太極拳的故事

　　因個人健康的因素，使我一生執著於太極拳。在初期的時段，也是時覺時迷，但我曾經接觸到多位不同派別的太極拳老師，有陳家、楊家、郝家等，也聽到過一些故事。

　　有一次聽說新店的山區有一位太極拳師，在他家庭院練拳時，庭院內的大樹都會隨著搖動震盪，非常嚮往一見。若干年後，偶然的機會，遇到了這位神秘大師，才知與原來的傳說有很大的差異，因而感到有些失望。

　　也聽說在太極拳的發源地陳家溝，有一位拳師的故事。相傳這位拳師臀部是摸不得的。有一次一位同鄉的年輕人，平時不敢接近他，有一次趁拳師正在挑水之際，年輕人認為有機可乘，便從後面摸他一把。拳師褶勁一合挾住，此人的手掌，被他挾住了，竟然不能脫困，只有彎著腰跟著他走。走到拳師家時，將水桶放下才鬆褶，一看年輕人的手掌成了青紫色。所以在鄉村傳說著，拳師的屁股摸不得。

　　事隔多年，此年輕人的功力也力求進步，其功夫不得謂不高，總想印證自己的功力，只想找個機會與太極拳大師問幾手。有一次，趁大師在田野中散步，認為機會難得，暗中跟隨，只見老師父走進一廟宇內，他跟進，輕輕地將門前後栓上，正面請教。謂老師年歲已高，好功夫總要傳授給我們年輕人，不能把功夫帶到泥土裡去，即上前攻擊。約二十個回合，老拳師仍不敢下重手，只是每次將年輕人擊發尋丈之外。但年輕人的戰術總是纏繞著他不放，大師終於累極了，心想再不出重手不行了；如是一哼之間出手了，年輕人被一掌打死，大師父也舌頭伸出尚未收回，亦相繼死去。鄉人評論謂年輕人是被打死的，太師則是累死的。

　　又有一說：有一位太極拳高手，去拜訪另

一位太極拳大師，研擬印證彼此的功夫。兩人同意在庭院內，設一圓圈，拜訪者高手以一手掌在太師背後，黏貼在前面太師的左肩；太師向前一步，高手跟一步，由慢而快，快到只感覺兩個身影如一陣旋風，在院內繞圈。數十圈之後，大師感覺到高手黏著他，竟不能擺脫。正在思慮如何使高手脫身之計時，突然下丹田一震，一躍跳到屋頂上，以為這一著應可擺脫了吧！不料一回頭，高手仍然在後，並說：「我在這裡」，大師竟無感覺。最後高手說：「我已領悟到你的功夫了。」便鞠躬謹謝而退。

以上故事雖不能親眼見到，卻可以讓大家默默體悟太極拳的高深莫測。

二、張祖(三丰)之詞印證太極之理

其一：無根樹，花正幽，貪戀榮華誰肯休？浮生事，苦海舟，蕩去飄來不自由。無岸無邊難泊繫，常在魚龍險處游。肯回首，是岸頭，莫待風波壞了舟。

無根樹者，詞之名也，凡樹有根，方能生發，無根必不長久。

花者樹之精神發煥，人之身如樹，人之真靈如樹之花也。

人身無根，生死不常，全憑一點真靈之氣運動。

但人總是認假為真，百憂感其心，萬事勞其形，如苦海之舟常在魚龍凶險之處亂遊。若能猛回頭，頓超彼岸，莫待風波壞了舟喪失性命。

其十八：無根樹，花正香，鉛鼎溫溫現寶光。金橋上，望曲江，月裡分明見太陽。吞服烏肝並兔髓，換盡塵埃舊肚腸。名利場，恩愛鄉，再不回頭空自忙。

先天真靈,眾美畢集,萬善同歸,其氣最香,即鉛鼎溫溫現寶光之時。鉛鼎者真知也,能以去舊取新,真知具有道心,道心內含先天氣;金橋上金也,曲江者水也,水中有金,陰中生陽,即是月裡分明見太陽。烏肝,日精,象靈知之靈性;兔髓,月華,象真知之真情。性情如一,真知不昧,道心常存,人心永滅,肚腸換過,萬有皆空,名利恩愛,何戀之乎。

其廿二:無根樹,花正紅,摘盡紅花一樹空。空即色,色即空,識破真空在色中。了了真空無色相,法相長存不落空。號圓通,稱大雄,九祖超升上天宮。

金丹大道,無聲無臭,超出萬有,何嘗有花有色;若稍有色後天氣質未化盡,一毫陰氣不盡不仙;若稍有心則著於色,一昧無心則著於空。真空一了百當,原無色相,既無色相,即有法相,因其是真空,所以有法相,因其有法相,所以無色相;無色相,有法相,所以空之真,而真於空也。

其廿四:無根樹,花正無,無相無形難畫圖。無名姓,卻聽呼,擒入三田造化爐。運起周天三昧火,煅煉真空返太無。謁仙都,受天

圖,纔是男兒大丈夫。

先天真靈之寶,體本虛空,一氣混成,有何花乎;既無其花,無形無相,難畫難圖,有何名姓。然雖無名姓,卻又至虛至靈,寂然不動,感而遂通。即如此通處下手,擒入於三田造化爐中,因三昧真火,鍛鍊成真,自真空而可返太虛,道返太虛則空無所空,一真而已。

太極導引進階（修訂版）

2005年9月初版 定價：新臺幣450元
2011年11月修訂二版
有著作權・翻印必究
Printed in Taiwan.

著　　者	熊	衛
發 行 人	林　載　爵	

出　版　者	聯經出版事業股份有限公司
地　　　址	台北市基隆路一段180號4樓
編輯部地址	台北市基隆路一段180號4樓
叢書主編電話	(02)87876242轉221
台北忠孝門市	台北市忠孝東路四段561號1樓
電話	(02)27683708
台北新生門市	台北市新生南路三段94號
電話	(02)23620308
台中分公司	台中市健行路321號
暨門市電話	(04)22371234 ext.5
郵政劃撥帳戶	第0100559-3號
郵撥電話	27683708
印　刷　者	文聯實業有限公司
總　經　銷	聯合發行股份有限公司
發　行　所	台北縣新店市寶橋路235巷6弄6號2F
電話	(02)29178022

叢書主編	林　芳　瑜
特約編輯	柴　慧　玲
整體設計	黃　雲　華
攝　　影	愛普印刷設計公司

行政院新聞局出版事業登記證局版臺業字第0130號

國家圖書館出版品預行編目資料

太極導引進階(修訂版)/熊衛著．
--修訂二版．--臺北市：聯經，2011.11
180面；20×20公分．
ISBN　978-957-08-3921-0（平裝）
〔2011年11月修訂二版〕

1.太極拳

528.972　　　　　　　　　　100022690